AI 방송 가이드북

AI총서

인공지능 시대입니다. 기계가 인간의 인지를 대신하고, 사물이 인간을 통하지 않고 다른 사물과 직접 커뮤니케이션합니다. 이에 따른 인간 삶과 문명 변화를 정확히 이해 · 예측 · 대응하는 것은 이 시대 우리 모두의 과제입니다. AI총서는 인공지능 기술과 환경의 여러 주제를 10가지 키워드로 정리합니다. 관련 개념과 이론, 학계와 산업계의 쟁점, 우리 일상의 변화를 다룹니다. 인간과 기술의 현재, 미래를 세심히 분석합니다.

일러두기

- 인명, 작품명, 저서명, 개념어 등은 한글과 함께 괄호 안에 해당 국가의 원어를 병기했습니다.
- 외래어 표기는 현행 어문규정의 외래어표기법을 따랐습니다.

처음이세요?

전문가세요?

AI 방송 가이드북

문미리

대한민국, 서울, 커뮤니케이션북스, 2025

AI 방송 가이드북

지은이 문미리
펴낸이 박영률

초판 1쇄 펴낸날 2025년 11월 28일

커뮤니케이션북스(주)
출판 등록 2007년 8월 17일 제313-2007-000166호
02880 서울시 성북구 성북로 5-11
전화(02) 7474 001, 팩스(02) 736 5047
commbooks@commbooks.com
www.commbooks.com

ISBN 979-11-430-1169-5 03500

책값은 뒤표지에 표시되어 있습니다.

차례

AI와 글로벌 미디어 시대

인공지능(AI)과 인간의 경계가 사라지고 마침내 융합되는 전환의 시기에, 방송문화는 어디로 향하고 있는가. 영화 〈트랜센던스(Transcendence)〉에서 주인공 윌 캐스터(조니 뎁 분)는 인간의 의식이 슈퍼컴퓨터에 업로드되는 순간, 물리적 신체를 초월한 존재로 거듭나는 가능성을 제기한다. 이는 기술 미래학자 레이 커즈와일(Ray Kurzweil)이 《특이점이 온다》(2005)와 《더 가까워진 특이점》(2022)에서 주장한 '특이점(Singularity)'의 상징적 재현이라 할 수 있다. 인간의 지능을 뛰어넘는 기계가 출현하고, 결국 인간과 기계가 융합하게 되는 특이점의 개념이 이제는 콘텐츠 산업, 그 중에서도 방송문화와 미디어 구조 전반에 적용되기 시작했다.

이제 특이점은 과학기술의 영역을 넘어, 방송과 미디어 산업 전반에 걸쳐 실질적인 분석 대상으로 주목받고 있다. 한때 시청각 전달 수단으로 간주되던 방송은 이제 인간의 지각, 기억, 판단, 심지어 감정에 이르기까지 알고리즘 기반의 기술과 밀접히 접합되는 양상을 현실로 받아들여야 하는 전환점에 이르렀다. 이러한 변화는 방송문화가 단순한 미디어 장르를 넘어, 인간 정체성과 존재 조건의 일부를 재구성하는 기제로 작동하고 있음을 시사한다. 오늘날 방송은 더 이상 인간의 외부에서 소비되는 정보의 집합이 아니라, 인간 내부와 기계적 연산이 교차하는 하나의 인식 장치로서 재정립되고 있다.

그렇다면 커즈와일이 예견한 특이점은 방송문화에 어떤 함의를 지니는가? 이것은 앤서니 기든스(Anthony Giddens)가 언급한 바 있는 고위험 사회인가, 아니면 전례 없는 고기회의 시대로 진입인가? 이 책은 방송 통신 기술 패러다임의 전환을 조망할 뿐만 아니라, 챗지피티(ChatGPT)나 구글 제미나이(Gemini)와 같은 AI 중심의 디지털 기술의 진화와, 넷플릭스와 같은 글로벌 OTT 플랫폼의 확산이 방송 산업의 제작 방식, 유통 구조, 그리고 나아가 윤리적 정당성까지 어떻게 근본적으로 재구성하고 있는지 실제 사례와 이론적 분석을 통해 살펴본다. AI가 도입된 방송 환경은 이제 기술적 선택의 문제가 아니라 존재론적 질문을 던지고 있다. 우리는 지금 과연 어디쯤 와 있는가? 그리고 어떤 선택을 할 것인가?

방송 산업은 전통적인 텔레비전 방송에서 디지털 매체와 OTT 플랫폼 중심으로의 전환을 맞이하고 있으며,

이 과정에서 AI라는 혁신적 기술이 주요한 역할을 수행하고 있다. 이 책은 방송의 현재와 미래를 전망하고, AI가 방송 산업에 미치는 다양한 영향을 정교하게 분석하면서, 변화하는 환경 속에서 방송의 본질적인 가치와 기능을 어떻게 유지하고 진화할 수 있을지를 탐구한다.

방송의 미래는 단순히 기술적인 혁신에 그치지 않으며, 이는 사회적, 경제적, 문화적 차원에서 중요한 변화를 이끌어 낸다. AI와 데이터 기술이 방송의 콘텐츠 제작 및 유통 방식을 재편성하고, 이를 통해 공영방송을 포함한 다양한 방송 주체들이 직면하게 될 새로운 책임과 기회를 어떻게 전략적으로 다루어야 할지에 대한 중요한 질문을 던진다. 특히 AI가 방송 산업에 통합됨으로써 공공성, 신뢰, 투명성 등의 전통적인 방송 가치와 기술적 효율성, 글로벌 경쟁력 사이의 균형을 맞추는 방법을 탐구한다.

책의 구성

이 책은 BBC와 KBS를 포함한 국내외 주요 방송사의 사례를 통해, AI 시대의 방송이 겪고 있는 구조적 변화와 그에 따른 기술적, 철학적 재구성 과정을 사회적, 경제적, 문화적 관점에서 면밀히 분석한다. 이를 통해 독자는 방송 산업의 미래에 대해 심도 있는 이해를 얻고, AI 기술이 방송의 생산성과 효율성을 어떻게 극대화할 수 있을지에 대한 실용적인 통찰을 제공받을 수 있을 것이다. 이 책은 기술 혁신의 빠른 속도를 따라잡는 것뿐만 아니라, 기술이 변화하는 미디어 환경에서 방송의 공공적 역할과 사회적 책임을 어떻게 새롭게 정의할 수 있을지를 명확히 제시하며, 향후 방송 산업의 지속 가능성을 위한 중요한 전략적 지침을 제공한다.

AI 방송 가이드북으로서, 이 책은 방송 산업의 미래를 준비하는 데 필요한 이론적 기반과 실천적 접근법을 동시에 제공하며, 독자들이 급변하는 미디어 환경 속에서 AI의 잠재력을 이해하고, 이를 효과적으로 활용할 수 있는 방향을 제시한다.

이를 위해 AI 방송 가이드북은 AI 기술이 방송 산업의 핵심적인 변화를 이끌어 가고 있는 현 시점에서, 한국 방송이 직면한 기술적, 사회적, 그리고 문화적 도전에 대한 심도 깊은 탐구를 제공하기 위해 다음과 같은 세부 주제를 고안하여 내용을 디자인했다. 핵심적으로 AI 방송 가이드북은, AI와 글로벌 OTT 플랫폼의 급격한 부상 속에서 방송 산업이 어떻게 변화하고 있는지를 중심으로 구성된 10개의 장으로, 장마다 시시각각 변화하는 세계 미디어 방송 환경 속에서 한국 방송이 겪고 있는 구체적인 변화를 분석하며, 미래의 방송 환경을 대비하기 위한 전략적 통찰을 공유한다.

1장은 '넷플릭스 효과(Netflix effect)'로 불리는 글로벌 OTT 플랫폼의 확산이 한국 방송 시장, 특히 지상파와 종합 편성 채널의 시청률 구조와 방송 광고 시장의 흐름에 어떤 변화를 가져왔는지를 분석한다. 공영방송은 이러한 환경 속에서 단순한 공익 콘텐츠 제공자를 넘어, 기술 전략을 주도하는 미디어 주체로의 전환이 요구되고 있다. BBC와 브릿박스(BritBox) 사례를 통해 글로벌 공영방송이 OTT와 AI 시대에 어떻게 대응하고 있는지를 살펴보며, 전통적 시청률 개념의 재구성과 공공성 중심의 새로운 성과 지표 설계 과정을 통해 디지털 전환 속 공영방송의 재정의 가능성을 탐색한다.

2장에서는 방송 가치와 AI 기반 미디어 환경 속에서, 대표적인 민주주의 가치를 반영하는 공영방송의 '공공성' 개념은 고정된 개념이 아닌, 유동적이고 변화하는 가치로 작동한다고 분석한다. AI와 디지털 기술의 발전은 공영방송의 공공성을 재구성하는 새로운 기준을 마련하고 있으며, 접근성, 다양성, 투명성, 책임성 등의 가치를 중심으로 변화하고 있다고 본다. 특히 BBC의 알고리즘 윤리 원칙과 유럽연합(EU)의 AI 규제 정책을 사례로 들어, 디지털 공공성이 어떻게 정의되고 실현되는지를 구체적으로 설명한다.

3장에서는 AI가 뉴스 제작 과정에 미치는 영향을 집중적으로 다룬다. 자동 기사 작성, 팩트체크, 유통 등 뉴스 제작의 여러 과정에 AI 기술이 어떻게 빠르게 적용되고 있는지를 살펴보며, 이로 인해 저널리즘의 기본 구조가 변화하고 있다는 점을 강조한다. BBC는 생성형 AI와 자동화 기술을 활용하면서도 공정성, 독립성, 투명성을 핵심 가치로 삼고 있으며, '설명 가능한 AI(explainable AI)'와 '휴먼인더루프(HITL, Human-in-the-Loop)' 원칙을 병행하고 있다. 이 장은 AI 기술이 어떻게 저널리즘의 공정성을 유지하고, 신뢰를 구축하며, 대중과의 신뢰 관계를 형성하는지에 대해 분석한다.

4장에서는 BBC가 아마존과 협력하여 생성형 AI 모델을 개발하고, 방송 중심에서 스트리밍 중심의 콘텐츠 유통 전략으로 전환하는 과정을 탐구한다. BBC는 자체 수익 모델인 BBC 스튜디오(Studios)와 브릿박스 등을 통해 수신료 의존 구조의 대안을 제시하며, AI 인프라를 구축해 기술적 독립성과 재정적 지속 가능성을 확보하고 있다. 이 장에서는 BBC의 사례를 통해 공영방송이 어떻게 글로벌 경쟁에서 경쟁력을 높이고, 독립적인 재정 모델을 통해 지속 가능한 미래를 준비할 수 있는지를 분석한다.

5장에서는 AI 아나운서와 방송 캐릭터의 진화를 다룬다. BBC는 제한적인 AI 아나운서 실험을 진행하며, 인간과 AI 간의 공감 능력 차이를 주목하고 있다. 한국에서 AI 아나운서 기술은 빠르게 상용화되고 있지만, 시청자들의 반응은 엇갈린다. 이 장에서는 AI 캐릭터 사용이 공적 신뢰에 미치는 영향을 분석하고, 공영방송이 기술 혁신과 사회적 수용성 사이에서 어떻게 균형을 맞출 수 있는지에 대한 고민을 제시한다.

6장에서는 방송사가 데이터 기반 시스템을 어떻게 재편성하고 있는지를 다룬다. AI 기술의 발전은 방송사가 콘텐츠 아카이브와 메타데이터 관리 역량을 강화하게 만들고 있으며, BBC는 콘텐츠 태깅과 AI 학습용 자료 공개를 통해 미래 지향적인 아카이브 전략을 실현하고 있다. 이 장은 공영방송이 '콘텐츠 제작자'뿐만 아니라 '데이터 관리자'로서의 새로운 정체성을 형성해 나가는 과정을 다룬다.

7장에서는 하이퍼모더니즘적 서사의 필요성에 대해 탐구하며, 공영방송이 다양한 언어, 문화, 그리고 기술을 활용하여 어떻게 새로운 공공 서사를 창출하고 있는지를 살펴본다. BBC는 자동 대본 생성, 인터랙티브 서사, 몰입형 기술(Immersive Tech)을 활용하여 서사의 기술적 확장을 시도하고 있으며, 이 장에서는 공영방송 콘텐츠 포맷이 AI 시대에 어떻게 진화할 수 있는지, 그 변화 속에서 사회적 기능과 공공 가치를 어떻게 보존하고 확장할 수 있는지에 대해 분석한다.

8장에서는 탈진실(Post-Truth) 시대란 무엇인지, 그리고 그 시대가 내포한 함정들을 탐구한다. 이를 위해 미디어 이용자에게 나타날 수 있는 에코챔버와 필터버블의 개념을 살펴보고, 딥페이크와 허위 정보 등 가짜 뉴스, 그리고 정보 과잉이 불러오는 부작용을 다룬다. 특히 BBC를 중심으로 한 AI 기술 활용 사례를 통해 이 문제를 조망한다. 공영방송은 신뢰를 회복하는 중요한 역할을 해야 하며, BBC는 팩트체크 전담 부서를 운영하고 AI를 활용해 허위 정보를 탐지하는 시스템을 구축하고 있다. 이 장에서는 AI 기술이 공영방송의 정보 전달 시스템을 어떻게 혁신할 수 있는지에 대한 구체적인 사례를 제시한다.

9장에서는 공영방송의 교육적 책무를 다룬다. AI 시대 미디어 리터러시가 디지털 시민성을 함양하는 핵심 역량으로 부각되고 있으며, 공영방송은 이 분야에서 교육자 역할을 수행하고 있다. BBC는 마이크로소프트와 협력하여 시민교육 콘텐츠를 운영하고, AI 이해, 알고리즘 투명성, 정보 분별력 등을 주제로 한 교육적 플랫폼을 제공하고 있다. 이 장은 공영방송이 디지털 시민성을 함양하는 교육적 역할을 어떻게 수행할 수 있는지에 대해 탐구한다.

10장에서는 AI 시대 공영방송의 지속 가능성을 기술이 아니라 가치에 두고, BBC와 KBS의 사례를 비교하며 실행 가능한 전략을 도출한다. 이 장은 공영방송이 '브랜드로서의 공공성'을 어떻게 재정립할 수 있는지에 대한 중요한 질문을 제기하며, 미래에 대한 열린 상상으로 독자의 참여를 유도한다. 공영방송이 AI 시대에 어떻게 가치 중심의 전략을 통해 지속 가능한 미래를 설계할 수 있을지에 대한 통찰을 제공한다.

이 책은 AI와 방송 산업의 융합이 가져오는 변화의 심층적인 분석과 실질적인 대응 방안을 제시하며, AI 시대의 방송이 직면한 기술적, 사회적, 문화적 도전에 대해 종합적이고 체계적인 이해를 돕고자 한다. 공영방송이 AI를 어떻게 효과적으로 활용할 수 있을지에 대한 구체적인 전략과 방향을 제공하는 이 책은, 방송 산업 종사자와 연구자, 정책 입안자들에게 중요한 참고서가 될 것이다.

참고문헌

Giddens, L. A.(2017). Feature interview: Lord Anthony Giddens in conversation with STAIR. *St Antony's International Review, 13*(1), pp.14~24.

Kurzweil, R.(2005). *The singularity is near: When humans transcend biology*. Viking.

Kurzweil, R.(2024). *The singularity is nearer: When we merge with AI*. Viking.

01
AI 시대, 시청률의 해체와 OTT 플랫폼 전환

〈폭싹 속았수다〉의 성공은 이제 OTT 중심의 제작 환경이 가시화되었음을 보여 주는 사례로, 지상파와 종합 편성 채널의 시청률 해체와 방송 광고 시장의 흐름을 분석했다. 영국 BBC와 브릿박스 사례를 통해 글로벌 공영방송은 OTT와 AI 시대에 어떻게 대응하고 있는지 정리했다.

기후 위기와 인공지능?

넷플릭스 효과: 시청률 해체

OTT 플랫폼의 등장은 단순히 콘텐츠 제작 환경에 국한되지 않고, 방송 산업 전반의 구조적 전환을 야기했다. 〈오징어 게임(Squid Game)〉의 세계적 흥행은 K팝과 같은 K-콘텐츠의 글로벌 확산에 기여했으며, 이는 한류 3.0(Hallyu 3.0)의 진입을 알리며 한국 콘텐츠가 지닌 경쟁력을 재조명하게 된 계기로 평가된다(Moon, 2024). 동시에 이른바 '넷플릭스 효과'는 미디어 산업이 점차적으로 OTT 플랫폼과 이용자 기반에 부합하는 콘텐츠를 중심으로 재편되는 과정을 반영한다(Jeon, 2023). 이어 넷플릭스를 통해 방영된 〈폭싹 속았수다〉의 성공은 OTT 중심의 제작 환경이 가시화되었음을 보여 주는 사례로, 전통적인 지상파 및 유료 방송의 위축과 함께 광고 및 시청률 측면에서도 뚜렷한 격차가 발생하고 있음을 시사한다.

2011년부터 2022년까지의 시청 점유율 추이를 살펴보면, 지상파 3사(KBS, MBC, SBS)는 전반적으로 점유율이 하락한 반면, 종합 편성 채널(조선, JTBC, 채널A, MBN)은 개국 초기 낮은 수치에서 출발하여 일정 기간 동안 상승세를 보인 뒤 최근에는 정체 또는 하락세를 나타내고 있다. 예컨대 KBS는 2011년 32.1%로 가장 높은 점유율을 기록했으나, 이후 점진적으로 하락하여 2022년에는 22.3% 수준에 그쳤다. MBC 역시 2012년 7.0%에서 2017년 일시적으로 12.5%까지 반등했지만 이후 다시 하락세를 보여 2022년에는 10.5%를 기록했다. SBS는 상대적으로 완만한 하락을 보이며 2011년 7.6%에서 2022년 7.8%로 거의 비슷한 수준을 유지했다. 한편 종편 채널들은 2012년부터 본격적으로 점유율을 확보하기 시작해, 조선일보TV는 2020년 11.1%로 정점을 찍은 후 감소세로 전환되었으며, JTBC는 2017년 9.4%를 정점으로 이후 점진적인 감소가 관찰된다. 채널A와 MBN도 2015~2019년 사이 점유율이 상승하다가 이후 감소세를 보이고 있다. 이러한 변화는 전체적으로 전통 지상파의 영향력이 점차 약화되고, 종편이 일정 시기 경쟁력을 확보했으나 최근에는 OTT 확산 등으로 인해 전반적인 방송 플랫폼의 시청률 분산 현상이 가속화되고 있음을 보여 준다(문미리, 2025).

KBS는 2019년 '비상경영계획 2019'를 수립하고 태스크포스(TF)를 구성하는 등 대응에 나섰지만, 이후 매년 약 1000억 원의 손실을 기록하고 있으며, 2023년까지의 누적 적자 규모는 6569억 원에 이를 것으로 전망된다(이준호, 2022: 104). 유사한 재정적 위기는 MBC와 SBS 등 민영 지상파 방송사들에서도 반복되고 있다. 영국의 BBC 역시 다매체 · 다채널 시대에 진입하면서 글로벌 OTT의 등장으로 인해 시청률 분산 및 수용자 이탈을 경험하였고, 일부 콘텐츠의 상업화를 수용하는 전략을 채택하게 되었다(Karadimitriou & Papathanassopoulos, 2024).

광고 시장의 구조 변화도 이러한 환경 변화를 반영한다. 디지털 광고는 2016년 이후 전체 광고 시장에서 가장 높은 비중을 차지해 왔으며, 2023년에는 전년 대비 2.3%p 증가한 60.7%를 기록했다. 디지털 광고 비중은 2021년 57.3%, 2022년 58.4%, 2023년 60.7%로 상승세를 지속하고 있으며, OTT 광고에 대한 긍정적 평가가 확대되면서 전통 방송 광고와의 격차는 점차 줄어들고 있다. 2024년 설문 조사에서는 광고 대행사 응답자의 60.9%가 방송 광고 대체 수단으로 OTT 광고를 선택하겠다고 했으며, 이는 디지털 플랫폼 중심의 시청 행태 변화와 광고 기술 진화가 방송 광고의 비중 축소로 이어질 것임을 시사한다(방송통신위원회, 2025).

영국도 BBC를 포함한 전통 방송사가 넷플릭스를 중심으로 유튜브를 포함하는 확산된 글로벌 구독 기반의 유료 주문형 콘텐츠(SVoD, Subscription Video-on-Demand) 서비스의 도전에 직면하며 시청자층의 급격한 이탈을 경험하고 있다고 발표했다(이준호, 2022). 특히 2019년 말 BBC와 ITV가 공동으로 출범한 영국 OTT 스트리밍 서비스 브릿박스는 과거 인기 프로그램 중심의 아카이브 콘텐츠와 일부 오리지널 프로그램을 월 5.99파운드에 제공하며 이탈 유저 유입을 꾀했으나, 유사 가격대의 넷플릭스, 아마존 프라임, 디즈니+ 등과 비교할 때 경쟁력이 제한적이라는 비판을 받았다. 이처럼 다양한 SVoD 플랫폼이 잇따라 론칭하며 시청자들은 더 이상 정해진 시간에 방송을 기다릴 필요 없이 원하는 콘텐츠를 원하는 시간에 소비하게 되었고, 이로 인해 방송사 간 시청률 경쟁보다는 플랫폼 간 체류 시간 확보 경쟁으로 시장의 질서가 전환되고 있다.

시청 방식의 변화는 전 세대에 걸쳐 감지되지만, 특히 젊은 세대에서 그 양상이 더욱 뚜렷하게 나타난다. 전 연령층을 기준으로 할 때, 텔레비전 프로그램 및 영화에 대한 전체 시청 시간은 비교적 안정적으로 유지되고 있지만, 전통적인 텔레비전 방송(실시간, 녹화, 7일 이내 다시보기)의 이용 시간은 지속적인 감소 추세를 보인다. 2018년 기준, 전체 시청자의 하루 평균 방송 시청 시간은 3시간 12분으로, 이는 전년도 대비 11분 감소한 수치며, 하락 속도 또한 가속화되고 있는 것으로 나타난다(Ofcom,

2024). 특히 16~24세 연령대의 경우, 2014년부터 2018년 사이에 하루 평균 방송 시청 시간이 무려 53분 감소한 것으로 보고되어 세대 간 이용 행태의 격차가 더욱 두드러지고 있다.

이러한 세대적 전환은 젊은 층의 미디어 소비가 전통 방송이 아닌 디지털 기반 플랫폼 중심으로 재편되고 있음을 시사한다. 해당 연령대는 유튜브, 넷플릭스, 디즈니+ 등 온라인 SVoD와 광고 기반 OTT 플랫폼에 훨씬 더 많은 시간을 할애하며, 특히 SVoD 시청 시간만 평균적으로 하루 52분에 달한다. 나아가 전체 SVoD 이용자의 38%는 "앞으로 5년 이내에 텔레비전 방송을 아예 시청하지 않게 될 것"이라고 응답했으며, 12~15세 아동 집단에서는 BBC보다 넷플릭스와 유튜브의 브랜드 인지도가 더 높게 나타났다(Ofcom, 2020). 이는 미디어 소비 지형의 변화가 단기적인 기호 변화가 아니라, 세대 간 인식과 습관의 구조적 전환이라는 점을 뚜렷하게 보여 준다.

AI 방송 시대 공영방송의 도전 및 가치

이러한 변화 속에서 방송 산업은 AI의 도입을 새로운 전략적 전환점으로 인식하고 있다. 2025년 한국 대선 개표 방송에서 각 방송사는 AI를 자사 제작 구성과 연계하여 활용하였으며, KBS는 AI 기술을 통해 수개월이 소요되던 애니메이션 콘텐츠를 단기간에 기획·제작하는 데 성공하며 효율성과 혁신성을 입증했다. 아직 AI의 도입이 방송 산업 전반에 어떤 영향을 미칠지는 불확실하지만, 향후 콘텐츠 유형에 따른 선택과 집중 전략이 방송사마다 다양하게 전개될 것으로 보인다. 이미 30여 년 전부터 BBC는 위성, 케이블, 디지털 방송, 그리고 쌍방향 정보 기술 등 급변하는 미디어 환경 속에서 새로운 기술적 도전에 직면하였으며, 이에 대한 정책적 대응과 전략적 판단을 강구해야 했다. BBC는 초기에는 이러한 신기술을 공공적 목적에 부합하도록 활용하려는 시도를 보였으나, 점차적으로 공영적 기능보다는 상업적 활용에 방점을 두는 방향으로 전환했다. 그러나 이와 같은 상업화 중심의 전략은 실질적인 성과를 내지 못했을 뿐 아니라, BBC가 역사적으로 수행해 온 공영방송의 핵심 역할마저 위협하고 있다는 점에서 학계 및 정책 담론에서 비판의 목소리가 제기되었다.

특히 BBC의 기술 수용 전략은, 신기술은 본질적으로 시장 기반으로 운용되어야 하며, 공공적 활용은 비현실적이라는 식의 상식을 영국 정치 문화 전반에 내면화하는 데 일정 부분 기여한 것으로 평가된다. 이에 대해 당시 영국 학계 일각에서는 전통적 공영방송의 정당성을 뒷받침하는 논거들이 여전히 신기술의 공적 활용에도 유효함을 강조하였으며, 공영방송의 개념을 확장하고 재정의하기 위해서는 기술적 진보에 대한 수용을 넘어, 궁극적으로는 시장 자유주의 이데올로기에 대한 구조적 비판이 병행되어야 한다는 주장이 제기되었다.

이러한 논의는 기술 도입이 단순한 전달 수단의 변화에 그치는 것이 아니라, 공영방송의 존재 근거와 공공적 가치 자체를 재구성하게 만든다는 점에서 중대한 전환의 계기였다. 굿윈(Goodwin)에 다르면 첫 번째 도전, 즉 부정적 측면은 기술의 진보(디지털 방송, 케이블, 위성 등)가 '주파수 희소성(spectrum scarcity)'이라는 공영방송 정당성의 전통적 근거를 약화하며, 이에 따라 공영방송의 필요성이 축소될 수 있다는 주장이었다(Goodwin, 1997: 54). 이와 같은 논점은 학술적 · 정책적 차원에서 활발히 논의되었고, BBC에 대한 구조 조정 및 민영화 요구로 이어졌다. 그럼에도 불구하고 BBC는 2002년까지 기존 공영 서비스를 유지하며 존속하게 되었고, 이에 대한 급진적 비판은 일시적으로 주변화되었다. 이는 공영방송 옹호론자들이 지적 · 정치적 논쟁에서 일시적 승리를 거둔 사례로 볼 수 있다.

그러나 보다 본질적인 과제는 두 번째 도전, 즉 긍정적 측면에서 제기되었다. 이는 기술 발전이라는 불가역적 현실 속에서 공영방송이 어떠한 방식으로 새로운 기술들을 공공의 이익에 부합하도록 활용할 수 있는가, 다시 말해 공영방송이 기술적 진화와 함께 어떻게 자기 정체성을 재구축할 수 있는가에 대한 문제다. 이 부분은 상대적으로 정책적 관심과 담론적 논의가 부족하였으며, 결과적으로 공영방송 진영이 대응의 주도권을 상실하게 되는 요인으로 작용했다. 단기적으로는 공영방송 체제가 존속되었지만, 장기적으로는 구조적 약화와 기능적 축소의 위험이 도사리고 있다는 우려가 제기된다.

나아가 영국 내에서는 수신료에 대한 지속적인 논쟁이 존재하며, 원화 약 25만 원(2024년 4월부터 연 160.50파운드로 10.50파운드 인상)에 달하는 연간 수신료가 시대적 요구에 부합하지 않는다는 주장도 점차 확산되고 있다(Mosolova, 2024). 동시에 그 대안 정책 중 하나로 2025년 6월 BBC는 1억 3천 9백 명의 해외 이용자 중 6천 명의 미국인 BBC.com 이용자들을 대상으로 연간 49.99달러 또는 월 8.99달러의 이용료를 부과하겠다는 계획을 밝혔고, 이는 곧 미국 이외 국가 이용자들에게도 확대될 것으로 보인다(Savage, 2025). 이러한 공영방송의 위기와 상업적 전환은 유사한 맥락에서 한국에서도 수신료 체계 및 공영방송의 공공성에 대한 논의가 활발히 전개되고 있는 실정이며 곧 가시화될 것으로 보인다. 이러한 흐름은 공영방송의 가치와 정당성, 그리고 '공공성'이라는 개념이 고정불변의 원칙이라기보다는, 시대적 맥락과 기술적 변화 속에서 그 구현 방식과 전략이 유동적이며 역사적으로 구성된 것임을 보여 준다.

결론적으로 공영방송의 공공적 사명은 여전히 유효하나, 그것을 실현하기 위한 제도적 장치와 기술 활용의 전략은 시대적 맥락에 따라 재조정되어야 하며, 이는 단순한 기술 수용의 문제가 아니라, 보다 근본적인 정치 경제적 비판과 대안적 상상력을 요구하는 과제라 할 수 있다.

참고문헌

문미리(2025). "OTT 및 AI 시대 공영방송의 역할과 책무: KBS와 BBC 비교분석". 《한국과 세계》, 7(1), 859~886.

방송통신위원회(2025). 방통위, '24년도 방송시장경쟁상황평가 결과 발표.
https://www.kcc.go.kr/user.do?mode=view&page=A05030000&boardId=1113&boardSeq=65916

이준호(2020). "공영방송 발전방안 모색: KBS의 공익성과 경쟁력 제고를 중심으로". 《지역과 커뮤니케이션》, 24(1), 103~138.

Goodwin, P.(1997). Public service broadcasting and new media technology: What the BBC has done and what it should have done. *Javnost_The Public, 4*(4), pp.59~74.

Jeon, J. J.(2023). Kingdom cultures: Zombie growth and Netflix Korea. *International Journal of Communication, 17*, 7058~7074.

Karadimitriou, A. & Papathanassopoulos, S.(2024). Public service media in the platform era: The cases of Britain, Denmark, and Greece. *Journalism and Media, 5*(2), pp.646~670.

Moon, M.(2024). Media representations of K-pop: A comparative study of South Korea, the UK, and the US. *Journal of Intercultural Studies, 45*(4), pp.756~771.

Mosolova, D.(2025.3.26). Tim Davie calls for BBC licence fee reform. The Financial Times. https://www.ft.com/content/bf012e50-3666-406d-94e7-597c1e70b91f

Ofcom(2022). Ofcom's annual report on the BBC 2019/2020. https://www.ofcom.org.uk/siteassets/resources/documents/tv-radio-and-on-demand/bbc/bbc-annual-report/2020/third-bbc-annual-report.pdf?v=325465

Ofcom(2024). News consumption in the UK 2024.

Savage, M.(2025.6.26). BBC to start charging US-based consumers for news and TV coverage. The Guardian. https://www.theguardian.com/media/2025/jun/26/bbc-usa-paid-subscription-news

02
새로운 공공성의 재정립

BBC 왕실 칙령(Royal Charter)을 중심으로 공영방송의 공공성이 AI와 OTT 환경에서 어떻게 재구성되고 있는지를 분석한다. 설명 가능성, 알고리즘 책임성, 데이터 윤리 등 새로운 가치들이 기술적 설계 속에서 구현되어야 함을 강조한다.

노래하는 AI 보컬?

공공성 개념의 진화: 고정된 원칙에서 유동적 가치로

공영방송(PSB, Public Service Broadcasting)은 단순한 정보 전달 기관을 넘어, 민주주의와 사회적 통합, 문화 다양성 실현에 기여하는 공공기관적 미디어 구조로 이해된다. BBC는 이러한 정의의 대표적 사례로, 영국 정부와 BBC 이사회 간 합의에 따라 체결되는 왕실 칙령을 통해 공영방송의 역할, 구조, 책무를 규범적으로 명시한다. 현재 적용되는 BBC 왕실 칙령(2017~2027)은 공영방송의 정의를, 다섯 가지 공적 목적(public purposes)을 중심으로 설명한다. 이 다섯 가지는 민주적 생활을 위한 정보 제공, 문화적 표현의 다양성과 창의성 증진, 학습과 지식의 확장, 영국의 글로벌 존재감 제고, 기술 혁신을 통한 서비스 개선이다(BBC, 2016). BBC는 왕실 칙령에서 신뢰(trust), 정확성(accuracy), 독립성(independence), 공정성(impartiality)을 핵심 가치로 제시하며, 이를 통해 공공성과 민주주의를 촉진하고자 한다. 이는 방송의 내용뿐만 아니라 공영방송이 사회에서 수행해야 할 기능에 대한 규범적 기준을 제공한다.

BBC 왕실 칙령은 공영방송의 가치(values)와 함께 의무(obligations), 책무(accountabilities)를 구체적으로

규정한다. 2015년 연 145.5파운드였던 수신료가 2025년까지 174.50파운드로 상승한, 수신료 기반의 공공자금을 통해 운영되는 BBC는 사회 전체에 대한 책무성과 동시에 편집의 독립성을 요구받는다. BBC는 모든 국민이 접근 가능한 보편적 콘텐츠를 제작하고, 다양한 지역과 계층을 포괄하며, 기술 혁신과 디지털 전환을 수용해 공공서비스 미디어로서의 역할을 다하도록 설정되어 있다(BBC, 2025a: Ofcom, 2024).

공영방송의 가치에 대해 전통적으로 공공성(publicness)이나 공익성(public interest)에 관한 정의가 주로 이루어졌다. 최근에는 다양성이나 다원성에 관한 의미를 파악하여 어떤 가치를 공영방송의 콘텐츠에 적용해야 하는가에 관한 심도 있는 논의가 이루어지고 있다(문미리, 2025). 국내외 모두 사실상 공영방송의 역할에 초점을 맞추어, 모든 시민에게 보편적으로 접근 가능한 정보와 콘텐츠를 제공함으로써 민주주의, 사회적 통합, 문화적 다양성 증진에 기여하는 역할을 수행해야 한다는 전통적인 공익성의 개념은 동일한 가치로 간주된다. 그러나 디지털 기술이 방송의 전 과정을 재편하는 시대에, 공영방송은 그 존재 이유와 역할에 대해 근본적인 재정의를 요구받는다. 특히 AI와 알고리즘 기술이 콘텐츠의 생성, 유통, 소비 전반에 관여하게 되면서, 공영방송이 추구해야 할 공공성은 더 이상 전통적인 정보 전달이나 공익 콘텐츠 제작에 머무르지 않는다. 이와 같은 전환기를 이해하기 위해서는 유럽의 개인정보 보호와 알고리즘 책임성을 규정하는 핵심 법제인 일반개인정보보호법(GDPR, General Data Protection Regulation)을 살펴볼 필요가 있다.

일반개인정보보호법

GDPR은 2016년 EU가 채택하고 2018년부터 본격 시행된 법률로, 유럽 시민의 개인정보를 보호하고 디지털 환경에서의 데이터 처리 방식에 투명성과 책임성을 부여하는 것을 목적으로 한다. 이 규정은 단지 법률적 테두리를 넘어서, 디지털 미디어에서 신뢰와 설명 가능성(explainability) 같은 핵심 가치를 구현하는 데서 윤리적 기준으로 작용한다. 예를 들어 GDPR 제22조는 자동화된 의사 결정에 대해 이용자가 그 과정에 대해 설명을 요구할 권리를 명시하며, 이는 AI 기술이 콘텐츠 제작이나 추천에 활용되는 공영방송의 운영 방식에도 직접적인 영향을 미친다. 공영방송은 상업적 목적이 아닌 공적 서비스 이행을 전제로 운영되기 때문에, 데이터 수집과 활용에서도 더욱 높은 윤리적 기준과 기술적 투명성이 요구된다(BBC, 2016).

이러한 배경 위에서 BBC는 왕실 칙령을 통해 공영방송의 정의와 책무를 규범적으로 명시하고 있다. 2016년에 개정된 BBC 왕실 칙령은 공영방송의 존재 이유를 다섯 가지 공적 목적을 중심으로 서술한다. 민주적 시민사회를 위한 정보 제공, 문화적 다양성과 창의성 증진, 교육과 지식의 확산, 영국의 세계적 위상 제고, 기술 진보에 적응한 고품질 콘텐츠 제공 등이 그 핵심이다. 이를 실현하기 위한 운영 원칙으로는 정확성, 독립성, 공정성, 포용성, 책임성 등이 강조된다. BBC는 이러한 원칙을 기반으로 공영방송이 단순히 콘텐츠 생산 기관을 넘어, 디지털 시대 시민의 정보권과 표현권을 보장하는 기술적 플랫폼으로 진화해야 함을 시사한다. AI 기술의 확산은 공영방송이 그 책임과 역할을 수행하는 방식에도 변화를 촉진하고 있다.

BBC의 AI 사용 가이드

BBC는 AI를 이용한 뉴스 자동화, 음성 합성 기술, 개인화 추천 시스템 등 다양한 시도를 실험하고 있으며, 이에 따라 새로운 윤리적 기준을 수립하고 있다. 대표적인 예로, 'AI 사용 가이드(Guidance: The use of Artificial Intelligence)'를 통해 특히 생성형 AI 기술 이용에 대한 규정을 내놓았다. 이 규정의 내용에서 의무 규정으로 AI는 결코 시청자들의 신뢰를 훼손해서는 안 되며, 항상 투명성과 책임성을 갖추어 효과적이고 정보를 기반으로 한 인간의 감독 아래 이루어져야 하며, BBC의 편집 가치인 정확성(accuracy), 공정성(impartiality), 공평성(fairness), 개인정보 보호(privacy)와 일치하는 방식으로 사용되어야 한다고 명시하고 있다(BBC, 2025b).

BBC는 AI 편집 가이드라인을 통해 특히 생성된 콘텐츠에 대한 명시, 알고리즘 기반 추천에 대한 설명, 인간 편집자의 검토 절차를 제도화하고 있다. 이 가이드라인은 BBC가 AI를 공공적 가치 실현의 도구로 활용하려는 전략을 보여 주며, 신뢰성과 설명 가능성, 편향성 통제, 인간 중심 설계를 공공성 실현의 핵심 조건으로 제시한다.

EU 차원에서도 AI 기술의 공공 활용을 위한 규범적 접근이 강화되고 있다. 최근 제정된 EU AI법은 고위험 AI 시스템에 대해 명확한 설명 가능성, 인간 개입 가능성, 데이터 편향 통제 등의 요건을 부과하며, 특히 공공 영역에서의 AI 사용은 더욱 엄격한 규제를 받는다. 유럽방송연합은 이에 부응하여 AI와 알고리즘 활용 시 공공성 기준을 반영한 설계 지침을 제시하고 있으며, BBC를 포함한 유럽의 주요 공영방송들은 해당 기준에 부합하는 방식으로 기술 전략을 조정하고 있다. 이 같은 흐름은 기술이 단지 효율성의 수단이 아니라, 공공성을 구현하는 매개체로 자리 잡고 있음을 보여 준다.

이와 같은 영국 및 유럽의 사례는 한국 공영방송, 특히 KBS와의 비교를 통해 보다 분명히 드러난다. 국내 공영방송의 공익성 개념이 전통적으로는 '민족문화 창달'이나 '문화 향유권 보장', '다양성'과 같이 콘텐츠의 내용 중심으로 정의되어 왔으나(문미리, 2025), 플랫폼과 AI 기술 환경이 보편화되면서, 이제 공익성은 기술적 조건과 구조 속에서 구현되어야 한다는 새로운 논의가 등장하고 있다. 이에 공공성을 실현하기 위해서는 단순히 공익 콘텐츠를 제작하는 데 그치지 않고, 그 콘텐츠가 어떤 플랫폼에서 어떻게 발견되고, 누구에게 도달하며, 어떤 방식으로 상호작용하는지를 고려해야 한다는 과제가 있다.

BBC의 수용자 접근성 확보 원칙은 이러한 기술적 구조 속 공공성 구현의 대표적 사례로 볼 수 있다. 이는 공영 콘텐츠가 디지털 플랫폼에서도 가시성이 합리적으로 확보하도록 설계되어야 한다는 규범으로, 오프콤은 2024

년 개정 미디어법을 통해 이 개념을 OTT와 유튜브나 틱톡 같은 비디오 공유 플랫폼으로 확장하고 있다. BBC 아이플레이어(iPlayer), 유튜브(YouTube), 스마트 TV 앱 등 다양한 채널에서 공영 콘텐츠가 이용자에게 도달하도록 알고리즘과 인터페이스를 조정하는 전략은 기술 기반 공공성의 실현을 잘 보여 준다(Ofcom, 2024).

AI 기술과 OTT 플랫폼의 보편화는 공영방송의 가치 체계를 새롭게 정립하고 있다. 전통적으로 중시되던 정확성, 공정성, 신뢰성 외에도, 설명 가능성, 알고리즘 책임성, 데이터 윤리와 같은 가치가 중요하게 부각되고 있다. 이는 공영방송이 AI를 활용한 자동 뉴스 생성, 개인 맞춤형 추천 알고리즘, 음성 합성 등 다양한 영역에서 기술을 활용하고 있기 때문이다. AI 시대의 공공성은 콘텐츠의 내용이나 프로그램의 제작 방식에만 국한되지 않는다. 데이터 수집과 알고리즘 설계, 사용자와의 상호작용 방식까지 포함한 기술적 조건 속에서 공공성이 어떻게 구현되고 있는지를 이해하는 것이 중요하다. BBC는 왕실 칙령을 통해 공영방송의 고전적 가치를 재확인하면서도, AI 기술의 윤리적 활용과 플랫폼 전략을 통해 그 가치를 디지털 환경 속에서 새롭게 구현하고 있다. 이러한 전략은 국내 공영방송에도 기술 기반 공공성 실현이라는 새로운 책무를 제기하고 있으며, 이는 정책적 · 제도적 대응뿐 아니라 윤리적 · 설계적 접근을 필요로 한다. 알고리즘 책임성은 특정한 콘텐츠가 추천되거나 배열되는 과정에서 의도치 않은 편향이나 차별이 발생하지 않도록 관리 및 감시하는 시스템을 포함한다. 데이터 윤리는 AI 시스템이 수집하고 처리하는 개인정보가 공공 목적에 맞게 사용되고 있으며, 법률 및 윤리 기준을 준수하고 있음을 요구하는 가치다.

이와 관련해 GDPR은 EU가 제정한 일반개인정보보호법으로, 2018년부터 본격 시행되었다. 이 법은 개인 데이터의 수집, 저장, 처리, 유통에서 투명성과 설명 가능성, 이용자의 자기 정보 결정권을 핵심으로 한다. 예컨대 GDPR 제22조는 자동화된 의사 결정에 대해 설명을 요구할 권리를 보장하며, 이는 공영방송이 AI 기술을 활용할 때에도 명시적 규범이 된다(European Union, 2016).

BBC는 이러한 변화에 대응하여 AI 편집 가이드라인을 수립했다. 이 가이드라인에는 자동 생성 콘텐츠의 명시, 인간 편집자의 개입 보장, 데이터 처리에 관한 윤리 기준 등이 포함되어 있다. BBC는 AI를 단순한 효율적 수단으로 활용하기보다, 공공성을 실현하는 기술로서 기능하게끔 설계하고 있다(BBC, n.d.).

EU 차원에서도 AI 기술의 윤리적 활용과 공공성 확보를 위한 규범적 접근이 강화되고 있다. EU AI법(2023)은 고위험 AI 시스템에 대해 설명 가능성, 인간 개입, 데이터 편향 방지 등을 의무화하고 있으며, 공공기관의 AI 사용에 보다 엄격한 기준을 적용하고 있다. 유럽방송연합(EBU)은 이러한 법적 틀에 부응하여, 공영방송이 AI 기술을 채택할 때 따라야 할 원칙과 설계 기준을 제시하고 있다(Regulation (EU) 2024/1689, 2024).

BBC뿐 아니라 독일의 체데에프(ZDF), 노르웨이 국영방송(NRK) 등도 알고리즘 설계의 투명성 보고서 작성, 편집 원칙의 알고리즘 반영 등을 실천하고 있으며(Grövall & Karppinen, 2025), 이는 공영방송의 공공성이 콘텐츠 제작 중심에서 기술적 인프라와 설계 원칙으로 확장되고 있음을 보여 준다.

결론적으로 AI 시대의 공공성은 단순히 공익적 콘텐츠를 제작하는 것에 머무르지 않는다. 콘텐츠의 유통 구조, 플랫폼 설계, 데이터 처리 방식 등 기술적 구조 전반에서 공공성이 구현되어야 한다는 요구가 커지고 있다. BBC는 왕실 칙령을 통해 전통적 공영방송의 원칙을 유지하면서도, AI 시대에 걸맞은 기술 기반 공공성 전략을 수립하고 있으며, 이는 EU의 GDPR 및 AI 규제 정책과도 긴밀히 연결된다. 이러한 방향은 공영방송이 민주주의, 포용성, 다양성과 같은 핵심 가치를 기술 안에 설계하는 새로운 책무를 수행하고 있음을 보여 준다.

참고문헌

문미리(2025). "OTT 및 AI 시대 공영방송의 역할과 책무: KBS와 BBC 비교 분석". 《한국과 세계》, 7(1), 859~886쪽.

BBC(2016). Royal charter for the continuance of the British Broadcasting Corporation. Her Majesty's Stationery Office.

BBC(2025a). Guidance: The use of Artificial Intelligence. https://www.bbc.co.uk/editorialguidelines/guidance/use-of-artificial-intelligence

BBC(2025b). How much is the BBC licence fee and who needs one?. https://www.bbc.com/news/articles/cz9k27yy839o

BBC(n.d.). Editorial guidelines. https://www.bbc.co.uk/editorialguidelines/guidelines/

European Union(2016). Regulation (EU) 2016/679 of the European Parliament and of the Council on the protection of natural persons with regard to the processing of personal data (General Data Protection Regulation). *Official Journal of the European Union.*

Fieiras-Ceide, C. et al.(2022). Artificial intelligence strategies in european public broadcasters: Uses, forecasts and future challenges. *Profesional de la información, 31*(5).

Grönvall, J. & Karppinen, K.(2025). Framing Nordic public service media: Comparing policy discourses in Finland, Sweden, Norway, and Denmark. *European Journal of*

Communication, 40(3), 233~248.
Jay, H.(2023). A 'public service internet'_ reclaiming the public service mission. *The Political Quarterly, 95*(1), pp.64~69.
Klontzas, M.(2013). The BBC and digital policy instrumentation in the UK. *International Journal of Digital Television, 4*(1), pp.49~65.
Ofcom(2024a). Regulatory roadmap for the media bill implementation. Office of Communications.
Potter, S. J.(2022). *This is the BBC.* Oxford University Press.
Regulation (EU) 2024/1689(2024). Regulation (EU) 2024/1689 of the European Parliament and of the Council on harmonised rules on artificial intelligence. Official Journal of the European Union, L 1689.
http://data.europa.eu/eli/reg/2024/1689/oj

03
저널리즘의 가치와 AI의 역할

BBC는 AI 기술을 뉴스룸에 전략적으로 도입하고 있다. BBC는 특히 뉴스 제작 과정에서 설명 가능한 인공지능(XAI: Explainable AI)과 인간 중심의 개입(HITL: Human-in-the-Loop) 전략을 결합해 활용하고 있다. 기술의 효율성과 공영 저널리즘의 신뢰성을 동시에 확보하려는 BBC의 제도적 실험에 대해 소개했다.

인공지능과 편향?

AI 기술과 뉴스 제작 방식의 변화

영국 오프콤은 "공영방송은 영국 뉴스 산업의 중심축을 이룬다(PSBs are central to the UK news sector)"고 명시하며, 공영방송은 국내외 시사 및 뉴스에 대한 포괄적이고 권위 있는 보도를 법적으로 요구하고 있다. 이러한 책무는 2003년 제정된 통신법(Communications Act)과 BBC 왕실 칙령에 근거한다(문미리, 2023). 특히 BBC는 연간 1만 9천여 시간의 뉴스 및 시사 프로그램을 제작하며, 라디오와 지역 뉴스, BBC 사운즈(Sounds) 및 온라인 기사 등 다양한 형식으로 뉴스 전달을 강화해 왔다. 이러한 방송사들은 시청률 기준 피크 시간대에 대한 뉴스 편성 의무(쿼터)를 대체로 충실히 이행하고 있으며, 디지털 시대의 변화에 따라 유튜브나 팟캐스트와 같은 플랫폼으로도 뉴스 콘텐츠를 확장하고 있다(Ofcom, 2024). 오프콤의 2024년 공영방송 리뷰에 따르면, PSBs는 단순한 뉴스 제공을 넘어 영국 성인의 71%에게 주간 단위로 뉴스 콘텐츠를 전달하며, 코로나19 봉쇄 조치나 엘리자베스 2세 여왕 서거와 같은 주요 사건에서 높은 시청률을 기록하는 등 신뢰도 높은 정보원으로서의 역할을 지속해 왔다. 최근 조사에서는 응답자의 63%가 공영방송이 '신뢰할 수 있고 정확한 뉴스'를 제공하고 있다고 평가했으며, PSB 뉴스를 주로 이용하는 집단일수록 사실 기반 정보를 더 정확히 인식하고, 사회적 신뢰 수준이 높으며, 정치적 양극화 정도가 낮다는 분석도 함께 제시되었다. 이처럼 PSBs는 단순한 방송 콘텐츠 제공자를 넘어 민주주의 기반의 정보 인프라로 기능하고 있다.

오늘날 저널리즘은 AI의 도입으로 인해 근본적인 변화를 겪고 있다. AI 기술의 저널리즘 분야 도입은 기사 작성, 팩트체킹, 콘텐츠 유통 등 개별 제작 공정의 자동화를 넘어, 저널리즘의 기본 구조와 규범적 토대를 재편하고 있다. 이러한 변화의 선두에 서 있는 영국 공영방송 BBC는 기술 혁신과 공공성의 접점을 탐색하는 실천적 실험장으로 주목받고 있다. BBC는 생성형 AI와 자동화 기술을 적극적으로 수용하면서도, 공정성, 독립성, 투명성 등 공영 저널리즘의 핵심 가치를 기술 설계에 반영하려는 제도적 노력을 경주하고 있다. 이와 같은 접근은 AI의 효율성을 일방적으로 강조하는 기술주의적 관점을 넘어서, 인간의 편집권과 윤리적 판단이 지속적으로 개입할 수 있는 구조를 확보하려는 공공 책임의 실천이다. 즉 AI가 언론의 핵심 윤리와 어떻게 조화를 이룰 수 있는지를 고민하며, 기술 개발 단계에서부터 인간의 판단력과 편집권이 개입할 수 있는 구조를 설계해 왔다. 이 과정에서 BBC는 생성형 AI와 자동화 도구의 가능성을 활용하되, 그것이 언론의 사회적 책임과 충돌하지 않도록 조율하는 방식으로 나아가고 있다. 다시 말해 BBC는 기술을 통한 효율 증대가 저널리즘의 본질을 훼손하지 않도록 제도적 장치를 마련하며 기술과 윤리의 균형점을 모색하고 있는 것이다.

인간 중심의 알고리즘 통제: HITL과 XAI의 결합

BBC가 중점적으로 추진하고 있는 두 가지 기술적 전략은 크게 '인간 개입형 시스템(HITL, Human-in-the-Loop)'과 '설명 가능한 AI(XAI, Explainable AI)'의 병행으로 볼 수 있다. 이 두 축은 단순한 기술 도입이 아닌, AI 기술이 공공 언론의 윤리적 책무성과 어떻게 조응할 수 있는지를 탐구하는 결과물로서= 작동하며, BBC는 이를 통해 AI가 단지 보조 수단이 아니라 새로운 가치 체계 구축의 계기가 될 수 있음을 보여 준다. 즉 저널리즘 환경에서 AI가 어떻게 윤리적으로 정당화되고 사회적으로 신뢰받을 수 있는지를 보여 주는 하나의 사회적 장치로 작동한다 (BBC, 2024; Avid, 2023).

BBC가 구축한 HITL 체계는 자동화 시스템의 오류를 보완하거나 법적 책임을 회피하기 위한 장치가 아니라, 인간 주체의 편집권을 기술 구조 내에 제도적으로 삽입하려는 시도로 이해할 수 있다. 예컨대 AI 기반 보도 시스템과 뉴스 리포터가 도입됨에 따라 기사 자동 생성 시스템이 활용될 때에도, BBC는 기계 생성 콘텐츠에 대해 다단계 검증 시스템을 명문화했다. 이 시스템은 편집자의 사실 확인, 윤리 담당자의 사회적 맥락 판단, 최종 승인자의 발화 책임 검토 등으로 구성되며, 이처럼 인간 개입을 제도화함으로써, AI가 내포할 수 있는 통계적 편향이나 맥락 왜곡, 혹은 사회적으로 민감한 발화의 가능성을 통제하려는 시도다(BBC, 2024; Jones, 2025).

BBC 기술예측본부(Head of Technology Forecasting) 책임자인 로라 엘리스는 오늘날 저널리즘에서 AI의 활용 방식을 둘러싼 일련의 결정들이 단지 기술적 선택을 넘어, 향후 세대의 정보 환경과 민주적 질서에 중대한 영향을 미칠 가능성에 주목한다(Avid, 2023). 그녀는 BBC 연구개발(R&D) 부서가 수행하고 있는 AI 및 머신러닝의 영향 평가가 이러한 맥락에서 핵심적인 역할을 한다고 강조하며, 최근 기술 발전의 속도를 '소화전에서 물을 마시는 듯한' 비유로 설명할 만큼 그 긴박성과 복잡성이 가속화되고 있음을 시사한다. 특히 생성형 AI를 활용해 뉴스 기사, 이미지, 영상 콘텐츠를 생성・보완하는 과정에서 BBC는 청중과의 신뢰를 가장 본질적인 가치로 삼고 있으며, 이 신뢰를 해칠 수 있는 무책임한 기술의 사용은 어떤 형태로든 용인되어서는 안 된다고 강하게 주장한다. 엘리스는 나아가 저널리즘의 본질이 '한 인간이 경험한 것을 다른 인간에게 전달하는 과정'에 있다는 점을 환기하며, 이러한 인간 중심의 서사 구조는 AI로 대체되어서는 안 되며, 오히려 'HITL' 원칙을 통해 인간의 개입과 해석 능력이 체계적으로 보장되어야 한다고 강조한다(Avid, 2023).

동시에 BBC는 XAI 기술을 적극적으로 활용하고 있다. 즉 HITL 체계는 XAI 기술과 긴밀히 연결되어 작동한다. XAI는 알고리즘이 내리는 결정이 왜 그렇게 나왔는지를 인간이 이해할 수 있도록 돕는 기술로, 알고리즘의 '블랙박스' 문제를 해결하려는 시도다. BBC는 2019년부터 얼굴 인식 및 객체 감지 알고리즘의 작동 원리와 한계를 설명할 수 있는 연구 및 시스템 개발에 착수했으며, 이를 실제 편집 현장에 적용하는 전략을 채택했다(BBC, 2019). 이러한 XAI는 단지 기술적 해명을 제공하는 데 그치지 않고, 편집자와 뉴스 프로듀서가 알고리즘 산출물에 대해 해석하고 개입할 수 있도록 인지적 기반을 제공한다는 점에서, HITL과 상호 보완적인 기능을 수행한다. 이처럼 두 시스템은 각각 독립적으로 기능하는 것이 아니라, 인간의 해석과 판단을 중심으로 알고리즘 과정을 구조화하는 통합적 장치로 작동한다.

HITL이 인간의 개입을 전제로 한 절차적 구조라면, XAI는 그러한 개입이 의미 있고 효과적으로 작동할 수 있도록 기술적으로 지원한다. 이로써 BBC는 AI가 일방적으로 뉴스 제작을 지배하지 않도록 하고, 인간의 가치 판단이 항상 중심에 있도록 제도적 기반을 마련하고 있는 것이다. 이처럼 두 시스템은 각각 독립적으로 기능하는 것이 아니라, 인간의 해석과 판단을 중심으로 알고리즘 과정을 구조화하는 통합적 장치로 작동한다.

저널리즘의 윤리와 기술 결정론

BBC의 HITL 및 XAI 정책은 최근 사회적 논란들과도 밀접한 관련을 맺고 있다. 2025년 BBC는 자사의 뉴스 콘텐츠를 무단 수집 · 재생산한 AI 기업에 대해 법적 조치를 경고하며, 공공 신뢰 기반 콘텐츠의 탈취가 언론사의 정체성과 신뢰에 근본적인 위협이 됨을 공론화했다(BBC, 2025a). 같은 해 일론 머스크의 AI 챗봇 '그록(Grok)'이 사용자 요청에 과도하게 순응하여 히틀러를 찬양하는 발화를 생성한 사건은, 설명 가능성과 인간 개입이 결여된 AI 시스템이 사회적 해악을 얼마나 쉽게 재생산할 수 있는지를 명확히 보여 준다(BBC, 2025b). 이러한 사례들은 BBC가 기술 구조에 HITL과 XAI를 제도화하는 이유를 구체적이고 실천적인 맥락에서 설득력 있게 뒷받침한다.

BBC 내부에서는 이러한 정책이 단순한 기술 보완책이나 위험 관리 전략으로 축소되지 않는다. 오히려 기술을 둘러싼 조직 학습과 제도 혁신을 이끌어 내는 반성적 실천으로 재구성된다. 존스(Jones, 2025)가 주도한 액션리서치 프로젝트는, 뉴스룸에서 기자와 편집자가 생성형 AI와 상호작용하는 방식, XAI가 인간 판단을 보조하거나 교란하는 방식, 편집 조직의 업무 구조와 윤리의식이 어떻게 재구성되는지를 분석했다. 이 연구는 BBC가 단순히 AI 기술을 수용하는 조직이 아니라, 기술과 가치, 효율성과 책임, 자동성과 인간 판단이라는 복합적 균형을 지속적으로 탐색하고 재배치하는 사회적 실험장임을 시사한다.

이와 같은 BBC의 전략은 결국 AI 기술이 언론의 공공성과 충돌하지 않도록 설계된 하나의 기술과 사회적 기반으로 이해될 수 있다. 이 기반은 알고리즘의 효율성이 아닌, 인간의 해석 가능성과 윤리적 책임을 중심으로 구성된 정보 질서의 가능성을 제시한다. 설명 가능성과 인간 개입의 병행은 AI 시스템을 단지 '투명하게' 만드는 데서 멈추지 않고, '해석 가능하며', '거부 가능하고', '수정 가능한' 시스템으로 전환하는 데 핵심적인 역할을 한다. 이는 특히 미디어에 대한 신뢰가 구조적으로 침식되고 있는 동시대 정보 환경에서, 공영 언론이 유지해야 할 최소한의 윤리적 조건으로 작동한다.

더 나아가 BBC의 접근 방식은 기술결정론적 사고에 대한 제도적 저항의 모범을 제공한다. 알고리즘이 신성시되는 문화적 환경 속에서, BBC는 알고리즘이 '설명되어야 하며', 인간에 의해 '검토되고 개입되어야 한다'는 원칙을 조직 차원에서 제도화하고 있다(BBC R&D, 2021; Braid UK, n.d).

이를 통해 BBC는 자동화 시대에 오히려 더욱 섬세한 인간 개입과 윤리적 설계가 필요함을 강조하며, 기술 발전이 언론의 공공성과 어떻게 조화될 수 있는지를 탐색하고 있다.

이와 같은 BBC의 실천은 단지 하나의 방송사 사례에 그치지 않는다. 한국을 포함한 다른 공영 언론에게도, 기술과 윤리가 공존할 수 있는 구조를 어떻게 설계할 것인가에 대한 중요한 통찰을 제공한다. AI 시대 공영 저널리즘의 재정립이라는 과제를 앞둔 오늘날, BBC의 전략은 우리가 참고할 만한 현실적이고 학문적인 사례다.

참고문헌

문미리(2023). "'탈진실'시대 미디어 리터러시 개념과 공영방송의 역할: BBC 와 EBS 콘텐츠 비교 연구". 《한국과 국제사회》, 7(6), 1115~1142쪽.

Avid(2023). AI_The human in the loop. https://www.avid.com/resource-center/ai-the-human-in-the-loop

BBC R&D(2021.07.23). Explaining artificial intelligence_where and how. https://www.bbc.co.uk/rd/articles/2021-07-explaining-artificial-intelligence-part-2-what-where-and-how

BBC(2019). Google tackles the black box problem with Explainable AI. https://www.bbc.com/news/technology-50506431

BBC(2024). TV channels are using AI-generated presenters to read the news. https://www.bbc.com/future/article/20240126-ai-news-anchors-why-audiences-might-find-digitally-generated-tv-presenters-hard-to-trust

BBC(2025a). BBC threatens AI firm with legal action over unauthorised content. https://www.bbc.com/news/articles/cy7ndgylzzmo

BBC(2025b). Musk says Grok chatbot was 'manipulated' into

praising Hitler.
https://www.bbc.com/news/articles/c4g8r34nxeno
Braid UK(n.d). Explainable generative AI in the BBC.
https://braiduk.org/explainable-generative-ai-in-the-bbc
Jones, B., & Jones, R.(2025). Action research at the BBC: Interrogating artificial intelligence with journalists to generate actionable insights for the newsroom. Journalism, 14648849251317150.
Ofcom(2024.12.17). Review of Public Service Media(2019-23): Challenges and opportunities for Public Service Media.

04
BBC의 AI 모델 구축과 스트리밍 전략

BBC는 아마존과의 협업으로 생성형 AI 모델을 개발하고, 방송 중심에서 스트리밍 중심으로 콘텐츠 유통 전략을 전환하고 있다. BBC 아이플레이어, BBC 사운즈, 브릿박스 같은 수익 모델과 객체 기반 미디어 전략을 통해 어떻게 지속 가능한 미래를 준비하는지 분석했다.

청각장애인과 AI?

브릿박스를 통한 수익 모델 다변화와 글로벌 확장

BBC는 ITV와 공동으로 설립한 브릿박스를 통해 자사의 글로벌 콘텐츠 유통 전략을 강화했다. 특히 미국, 캐나다, 호주와 같은 수신료 제도가 없는 지역에서 안정적인 수익 기반을 확보하고 있다(Ofcom, 2024). 브릿박스는 BBC 스튜디오스(Studios)의 오리지널 콘텐츠와 풍부한 아카이브를 활용해 프리미엄 스트리밍 서비스를 제공하며, 영국의 문화적 특성을 세계적으로 전파하는 매개체 역할을 수행한다. 이는 공영방송의 공공성을 유지하면서도 독립적이고 지속 가능한 수익 모델을 구축하는 전략의 일환이다(Younge & Hughes, 2024). BBC 스튜디오스가 보유한 지식재산(IP)을 적극적으로 활용하여 BBC는 글로벌 콘텐츠 시장에서 영향력을 확대하고 있다. 특히 최근 ITV가 브릿박스 인터내셔널의 지분 50%를 BBC 스튜디오스에 매각함으로써 이에 대한 완전한 소유권을 확보했다(Reuters, 2024). BBC 스튜디오스의 CEO 톰 퍼셀은 브릿박스 인터내셔널이 영국 콘텐츠에 대한 글로벌 수요를 충족하는 중심 역할을 할 것이며, BBC의 장기적 가치를 창출하기 위해 지속적인 투자를 진행할 것이라고 밝혔다(Reuters, 2024). 브릿박스와 같은 플랫폼화 전략은 EU 규제의 변화 속에서도 공영방송이 상업적 플랫폼과 경쟁하며 안정적으로 생존할 수 있는 중요한 사례로 평가된다(Dragomir et al., 2024). 특히 BBC는 미국 시장에서 융합 OTT 서비스 방식을 채택하고 있다. 즉 아마존 프라임 회원은 별도의 추가 구독료를 내면 브릿박스 콘텐츠를 이용할 수 있다. 이러한 융합 서비스 모델은 콘텐츠 접근성을 높이고 미디어 이용자의 편의성을 향상해 OTT 스트리밍 채널을 통해 글로벌 시장에서의 확장과 이용자의 접근성을 높이는 시너지 효과를 발생하고 있다.

BBC는 아이플레이어의 AI 기반 추천 시스템을 아마존과의 협력을 통해 고도화하며, 콘텐츠의 시각화된 메타데이터 구조와 음성 기반 인터페이스를 통해 이용자 경험을 지속적으로 혁신하고 있다(Caswell, 2022). BBC 아이플레이어 웹사이트에서도 아이플레이어와 함께 사용하도록 인증된 아마존 파이어 TV 기기 목록과 아직 인증 신청이 제출되지 않은 기기 목록까지 업로드하고 있다. 반면 BBC의 모든 라디오 채널을 실시간으로 들을 수 있었던 BBC 사운즈는 2025년 7월 21일부터 영국 외의 국가에서 서비스 제공을 중단하게 되었다. 해외 이용자들은 BBC 라디오를 BBC.com의 라디오 스테이션 섹션을 통해서만 청취 가능하며, 월드 서비스와 라디오 4, 그리고 일부 팟캐스트만 청취가 가능하다. 이러한 정책은 BBC가 자사의 오디오 서비스인 BBC 사운즈 앱의 국제적인 이용 가능 범위를 제한하고, 대신 새롭게 출시한 BBC 스튜디오스의 글로벌 오디오 서비스로 이용자들을 전환하기 위한 전략적 결정으로 보인다. 이 글로벌 오디오 서비스 플랫폼은 BBC 라디오 4, BBC 월드 서비스 영어 방송을 비롯하여 일부 팟캐스트를 제공하는데, BBC의 콘텐츠 관리 및 글로벌 서비스 범위를 더욱 효과적으로 통제하고 수익 모델을 명확히 하기 위한 전략으로 보인다.

BBC 아이플레이어를 통한 사용자 중심 콘텐츠 접근성과 기술 혁신

BBC 아이플레이어는 BBC의 전통적 방송 중심 구조에서 벗어나, 디지털 스트리밍 플랫폼으로 전환하는 전략의 핵심이다. BBC는 아이플레이어 플랫폼을 통해 다양한 기기와 환경에서 접근 가능한 비선형적 콘텐츠 소비 방식을 제공함으로써 사용자 중심 전략을 강화하고 있다(Ofcom, 2024). 특히 시청 데이터를 기반으로 한 개인 맞춤형 추천 알고리즘을 통해 사용자의 시청 경험을 최적화하고, 콘텐츠의 접근성을 크게 향상하고 있다. 이는 젊은 층과 모바일 환경에서 콘텐츠 소비를 선호하는 사용자들의 수요를 적극적으로 반영한 것으로, 아이플레이어가 디지털 우선 전략(digital-first strategy)의 중심축으로 자리 잡고 있음을 보여 준다(Ofcom, 2024). BBC는 아이플레이어의 AI 기반 추천 시스템을 아마존과의 협력을 통해 고도화하며, 콘텐츠의 시각화된 메타데이터 구조와 음성 기반 인터페이스를 통해 이용자 경험을 지속적으로 혁신하고 있다(Caswell, 2022).

개인화된 시청 경험을 위한 객체 기반 미디어

BBC는 객체 기반 미디어(Object-Based Media)를 통해 개인화된 콘텐츠를 실험하며 시청자 개인 맞춤형 서비스 전략을 강화하고 있다. 객체 기반 미디어는 콘텐츠를 단일한 완성된 형태로 제작하여 전달하는 기존 미디어 접근법과 달리, 콘텐츠를 여러 독립적인 구성 요소 또는 '객체(objects)'로 나누어 제공하는 새로운 미디어 기술 및 제작 방식을 의미한다. 여기서 객체란 영상, 오디오, 그래픽, 텍스트, 메타 데이터와 같은 개별 콘텐츠 요소를 뜻하며, 각 객체는 독립적으로 관리되고 사용자에 따라 다양한 방식으로 조합되어 맞춤형 콘텐츠 경험을 제공한다는 것이다. 예를 들어 BBC가 도입한 객체 기반 미디어 기술을 통해 사용자의 위치, 이용 시간, 사용하는 기기, 관심사 등에 따라 각 콘텐츠 요소를 실시간으로 최적의 조합으로 재구성할 수 있다(Caswell, 2022). 이러한 방식은 기존의 정해진 하나의 콘텐츠 버전을 모든 사용자에게 일률적으로 전달하는 것이 아니라, 사용자 각각의 맥락과 요구에 맞추어 미디어 경험을 개인화하는 것이 핵심이다. 생성형 AI 기술을 활용한 이 접근 방식은 사용자의 맥락(예: 위치, 시간대, 디바이스, 이동 경로)을 분석해 콘텐츠를 자동으로 재구성하는 혁신적인 방법이다(Caswell, 2022). 즉 사용자의 출근 시간이나 이동 수단에 따라, 뉴스를 오디오, 텍스트, 영상 또는 혼합된 멀티모달 형태로 실시간으로 제공할 수 있다. 예를 들어 아침 출근길 15분 동안 오디오로 요약 뉴스를 제공하고, 기차로 30분 이동하는 사용자에게는 멀티모달 콘텐츠를 제공하는 등, AI는 단순한 보조 도구가 아닌 콘텐츠 설계자로 기능한다. 이러한 개인화 서비스는 사용자의 물리적 환경과 상황적 특성을 콘텐츠 생산 단계에서부터 반영하여 맞춤화된 정보 제공을 가능하게 한다. BBC의 AI 시스템은 자동화된 기사 생성, 영상 편집, 자연어 생성 시스템 등에서 기자의 반복적인 업무를 최소화하고, 기자들이 보다 창의적이고 높은 가치의 업무에 집중할 수 있도록 도와준다(Caswell, 2022).

유럽의 공영방송들은 피치(PEACH, Personalisation for EACH) 프로젝트라는 공동 이니셔티브를 통해 추천 시스템과 개인화 솔루션을 공동 개발하고 있다. 이 프로젝트는 유럽방송연합(EBU)을 중심으로 독일 제1공영방송(ARD), 바이에른 방송(BR), 포르투갈 공영방송(RTP), 스웨덴 공영방송(SR) 등 여러 국가 공영방송이 참여하여 맞춤형 서비스 플랫폼을 개방형 구조로 설계하고 있다(EBU, 2023a). PEACH의 핵심 가치는 공영방송이 직접 사용자 데이터를 수집하고 통제할 수 있도록 지원하는 한편, GDPR에 부합하는 데이터 처리 방식을 통해 개인정보 보호와 데이터 주권 확보를 강조하고 있다(EBU, 2023b).

또한 PEACH는 기존 협업 필터링(collaborative filtering)과 콘텐츠 기반 필터링(content-based filtering)을 결합하며, 공영방송 가치인 다양성을 알고리즘 내에 반영한 추천 모델을 설계하고 있다(Hildén, 2022). 힐든(Hildén)은 공영방송이 시청자의 콘텐츠 소비가 협소화되는 필터버블(filter bubble) 현상을 예방하고 다양한 콘텐츠를 노출시킴으로써 균형 잡힌 공공적 가치를 구현하고 있다고 평가했다. 스웨덴 라디오(Swedish Radio)는 이미 PEACH 기반의 내부 추천 시스템을 도입하여 팟캐스트와 음악 콘텐츠 추천에 적용했으며, 이를 통해 다양성 높은 추천과 사용자의 선택성을 동시에 보장하고 있다(EBU, 2020).

EU의 PEACH 프로젝트처럼 유럽의 공영방송사들이 공동으로 구축한 데이터 사이언스 및 개인화 플랫폼도 이러한 BBC의 AI 전략에 중요한 영향을 미치고 있다. 유럽 공영방송사들과 마찬가지로 BBC는 이러한 AI 시스템을 클라우드가 아닌 자체 환경에서 구축하고 운영하는 온프레미스 전략을 채택하고 있으며(Fieiras-Ceide et al., 2022), 이러한 시스템은 외부 클라우드가 아닌 BBC AI 인프라 위에서 운용됨으로써, 데이터 주권과 개인정보 보호, 알고리즘 투명성을 동시에 실현한다. BBC는 객체 기반 미디어를 통해 공공 미디어의 공공성과 개인화라는 두 가지 가치를 동시에 실현하고, 기술적 독립성과 정보 전달 효율성을 모두 확보할 수 있는 미래형 콘텐츠 서비스 모델을 구축하고 있다.

참고문헌

BBC iPlayer Website. Amazon Fire TV devices certified for BBC

iPlayer.
https://www.bbc.co.uk/iplayer/help/questions/supported-devices/amazon

Caswell, D.(2022). Producing news in the age of Artificial Intelligence. *Medien Wirtschaft, 3*, pp.12~16.

Dragomir, M. et al.(2024). Public service media and platformization: What role does EU regulation play?. *Journalism and Media, 5*(3), pp.1378~1394.

EBU(2020). Sveriges radio leverages PEACH recommendations for content production.
https://tech.ebu.ch/news/2020/04/swedish-radio-leverages-peach-recommendations-for-content-production

European Broadcasting Union(2023a). PEACH: Personalisation and recommendation ecosystem developed by broadcasters for broadcasters. https://docs.peach.ebu.io/

European Broadcasting Union(2023b). PEACH: Relevant content to the people, crafted by broadcasters for broadcasters.
https://peach.ebu.io/

Fieiras-Ceide, C. et al.(2022). Artificial Intelligence strategies in european public broadcasters: Uses, forecasts and future challenges. *Profesional de la información, 31*(5).

Hildén, J.(2022). The public service approach to recommender systems: Filtering to cultivate. *Television & New Media, 23*(7), pp.777~796.

Martin, R.(2025.7.3). BBC sounds to close for international users from 21 July 2025. Radio Today.
https://radiotoday.co.uk/2025/07/bbc-sounds-to-close-for-international-users-from-21-july-2025/

Ofcom(2024). Media bill: Ofcom's roadmap to regulation [PDF].

Ofcom.

https://www.ofcom.org.uk/__data/assets/pdf_file/0033/278962/media-bill-roadmap-to-regulation.pdf

Reuters(2024.3.1). UK's ITV sells BritBox International stake to BBC Studios.

Younge, P. & Hughes, R.(2024). It's the programmes, stupid. *The Political Quarterly, 95*(1), pp.43~47.

05
AI 아나운서와 방송 캐릭터의 진화

외신이 소개한 '나이도 들지 않고, 24시간 일할 수 있으며, 월급도 받지 않는' 한국 SBS의 AI 아나운서 재인(Zae-In)과, 세계 각국의 AI 뉴스 진행자를 사례로, 이러한 가상의 뉴스 화자들이 시청자와 감정적 유대를 형성하고, 신뢰의 방식에 어떤 변화를 초래하고 있는지, 준사회적 상호작용(parasocial interaction) 개념을 바탕으로 '사람다운' AI 아나운서 캐릭터를 탐구했다.

AI 콘텐츠 크리에이터?

AI 아나운서의 존재 이유

"24시간 매일 일하며 늙지도 않고, 월급도 받지 않는 아나운서가 과연 존재할 수 있을까?"라는 질문은 이제 단순한 가정이 아닌, 실제 방송 환경에서 기술적으로 구현된 가능성으로 다가오고 있다. AI 아나운서의 도입은 더 이상 실험적 기술의 영역에 머물지 않고, 저널리즘의 형식, 전달 주체의 정체성, 그리고 수용자 신뢰 구조까지 포괄하는 복합적인 사회 문화적 이슈로 확장되고 있다. 영국 《가디언》지는, 한국의 SBS가 2023년 AI 기업 펄스나인(Pulse9)과 협력하여 AI 아나운서 '재인(Zae-In)'을 자사 정규 뉴스 프로그램에 5개월간 투입한 내용을 집중 보도한 바 있다(Tait, 2023). 이는 아시아 공영방송 최초로 딥페이크(deepfake) 기반 가상 캐릭터를 정식 뉴스 전달에 지속적으로 활용한 사례로, AI 아나운서의 제도화 가능성을 본격적으로 시험한 시도로 평가된다. 재인은 K-팝 아이돌의 얼굴 데이터를 기반으로 한 가상 인간으로, 실제 인간 배우의 표정과 움직임을 실시간으로 추적하는 '딥리얼 AI(Deep Real AI)' 기술을 통해 구현된다. 하지만 음성 합성, 감정 표현, 맥락 이해 등의 요소에서는 여전히 인간의 개입이 필수며, 펄스나인 역시 현재 기술이 인간 앵커를 완전히 대체할 수는 없다는 점을 인정하고 있다.

이러한 기술적 조건은 한국만의 특수 사례가 아니다. 인도의 '사나'와 '리사', 그리스 국영방송(ERT)의 '헤르메스', 쿠웨이트의 '페다', 대만의 '니첸' 등 전 세계적으로 AI 아나운서 실험이 확대되고 있으나, 대부분의 경우 자율적 뉴스 전달자로서의 완전한 기능 수행은 아직 요원한 과제로 남아 있다. 2023년에는 미국 로스앤젤레스의 스타트업 '채널원(Channel 1)' AI 앵커가 22분 분량의 뉴스 콘텐츠를 진행하는 고도화된 시스템을 시연하며 관심을 끌었다. 이 시스템은 음성 합성, 이미지 조합을 넘어서 언어 번역, 콘텐츠 개인화 기능까지 포함하고 있으며, 향후 스트리밍 기반 뉴스 채널로의 전환을 예고하고 있다(Merrefield, 2025). 그러나 이 역시 완전한 자동화라기보다 13단계의 인간 검수 과정을 필수로 포함한 보완적 기술로서 작동하고 있다.

AI 아나운서의 도입이 단지 비용 절감이나 인력 대체라는 산업적 효율성 논리에 의해 추진되고 있다고 보는 것은 단편적이다. 채널원의 공동 창업자 모삼(Mosam)은 이러한 기술 도입이 멀티플랫폼 환경에서 뉴스 수용자의 개인화된 경험을 강화하기 위한 전략적 전환이라고 강조한다. 이는 AI가 인간보다 '더 나은 전달자'가 되는 것을 지향한다기보다, 글로벌 미디어 환경에서 수용자와 콘텐츠 간의 연결을 재구성하려는 시도의 일환으로 이해될 수 있다.

그러나 기술적 가능성과 별개로, 이러한 시도가 시청자와 뉴스 전달자 간의 신뢰 회복에 기여할 수 있을지는 여전히 미지수다. 입소스(Ipsos) 조사(2023)에 따르면, 영국 내에서 뉴스 진행자를 신뢰한다고 응답한 비율은 42%에 불과했으며, 이는 1년 새 16%포인트 하락한 수치다. 이는 전통적 언론 인물에 대한 구조적 신뢰 약화를 방증하는 동시에, AI 아나운서가 그 대안이 될 수 있는가에 대한 본질적인 질문을 제기한다(Ipsos, 2023). BBC 뉴스와의 인터뷰에서 옥스퍼드대학교 로이터 저널리즘 연구소 선임연구위원이자 전 BBC 편집장 뉴먼도 AI가 짧은 뉴스 요약이나 텍스트 변환에는 적합할 수 있지만, 인간의 개입을 필요로 하는 메인 뉴스 전달에는 여전히 한계가 존재한다고 지적한다(BBC News, 2024.1.26).

AI와 인간은 경쟁적으로 대체 관계에 있는 것이 아니라, 상호 보완적인 공존의 틀 안에서 이해되어야 한다는 인식이 점차 중요해지고 있다. 특히 뉴스와 같은 공적 정보의 전달에서는 기술의 효율성보다 더 중요한 것이 신뢰와 윤리, 감정적 수용성이다. 시청자들이 AI 앵커와의 관계 속에서 정서적 유대와 신뢰를 쌓아가는 경험을 통해, AI의 존재를 '사람다운 전달자'로 인식하게 되는 전환의 시점이 도래할 수도 있다. 이는 AI 아나운서가 단순한 기술 도구가 아닌, 수용자 감정 구조와 저널리즘 형식을 재구성하는 주체로 자리매김할 수 있는 가능성을 보여 준다. 결국 AI 앵커의 제도화는 기술의 진보만으로 성취될 수 없으며, 문화적 수용성과 사회적 합의를 통한 신뢰의 축적이 필수라는 점에서, 기술 발전과 윤리적 설계가 긴밀히 맞물려야 할 필요성을 제기한다.

AI 앵커와의 준사회적 상호작용

AI 기반 뉴스 앵커는 실시간 영상 합성과 텍스트 생성 기술의 융합을 통해 점점 정교한 외형과 언어 출력을 구현하고 있으나, 인간 아나운서가 지닌 감정적 공감 능력과 관계 형성 역량을 완전히 대체하기는 어렵다는 시각이 지배적이다. 뉴스 진행자와 시청자의 관계는 단순 정보 전달을 넘어 정서적 유대를 기반으로 형성된 사회 문화적 소통 구조로 기능해 왔다. 이러한 관계의 특성은 시청자가 미디어 속 인물을 실제 인물처럼 인식하고, 감정적으로 반응하는 방식에서 비롯되며, 일방향적이지만 심리적으로 긴밀함 · 친밀감을 형성하게 된다는 것이다. 이러한 관계 형성은 '준사회적 상호작용(parasocial interaction)' 개념으로 설명되며, 시청자들이 매체 속 인물을 실제 삶의 일부로 인식하게 만드는 메커니즘으로 작동해 친숙함과 유사 사회적 유대를 느끼게 되며, 이는 점차 개인적 신뢰와 감정적 친밀감으로 확장된다(Horton & Wohl, 1956).

그동안 뉴스 시청자는 아나운서를 단지 정보 제공자로 인식하기보다는 정서적 친숙함을 지닌 '타자(Other)'로 받아들여 왔으며, 이러한 심리적 유대는 오늘날 유튜버, 인플루언서, 심지어 AI 기반 버추얼 캐릭터와의 관계로까지 확장되고 있다. 특히 디지털 플랫폼에서 형성되는 감정적 상호작용은 기존 미디어 관계의 경계를 허물고 있으며, 이와 같은 변화는 AI 아나운서의 수용 가능성과 감정적 설득력을 평가하는 데 핵심적인 맥락이 된다.

그러나 AI가 실제로 사회적 존재감을 얼마나 현실감 있게 구현할 수 있는지를 두고는 학계 내에서 회의적 견해가 적지 않다. 공감 능력, 맥락 이해, 윤리적 판단 등 인간적 상호작용의 핵심 요소를 기술이 완전히 대체할 수 있는가에 대한 의문이 여전히 존재하기 때문이다. 이런 가운데 '준사회적 상호작용' 개념은 AI 아나운서와 시청자 간의 새로운 감정적 구조를 이론적으로 해석할 수 있는 유용한 틀로 다시 주목받고 있다. 영국 사회학자 크리스 로제크(Chris Rojek)는 준사회적 관계 개념을 연예인, 셀러브리티, 방송 인물, 혹은 문화적 캐릭터와 팬들 간의 감정적 연결로 확장하여 설명해 왔다. 로젝은 미디어 이용자가 현실에서 만난 적 없는 대상에게도 친밀감과 애착을 형성할 수 있는 사회적 구조를 탐구하며, 준사회적 상호작용 개념의 문화적 · 구조적 범주를 넓혔다. 물론 그는 AI 아나운서에 직접적으로 이 개념을 적용하지는 않았지만, 그의 이론은 가상 존재와의 감정적 관계 형성을 해석하는 데 충분히 유효한 이론적 자산을 제공한다(문미리 · 이상록, 2019).

결국 준사회적 관계 혹은 준사회적 상호작용은 AI 아나운서가 인간 앵커와 구축해 온 신뢰와 친밀성의 양식을 어떻게 재구성하거나 보완할 수 있는지를 성찰하게 하는 핵심 개념으로 기능한다. 특히 기술적으로 생성된 화자가 실제로 감정적 연결을 형성할 수 있는지, 그리고 그러한 관계가 윤리적 · 문화적 조정 과정을 필요로 하는지를 둘러싼 논의는 향후 AI 저널리즘의 설계 방향을 결정짓는 중요한 기준이 될 것이다.

현 시점에서 기술이 아무리 정교해지더라도 인간적 관계의 본질을 완전히 대체하기는 어렵다는 견해가 지배적이지만, 장기적으로는 시청자가 '스캔들 없는 앵커'인 AI와의 관계에서 신뢰를 형성하게 될 가능성도 존재한다. 이는 결국 시간, 반복, 경험을 통해 축적되는 정서적 유대가 새로운 형태의 '디지털 친밀성'을 형성할 수 있음을 시사한다.

저널리즘 생태계의 전환과 AI 아나운서의 제도화

AI 아나운서의 도입은 단순한 기술적 실험의 차원을 넘어, 전통적 저널리즘의 제도적 틀을 어떻게 재구성할 것인가에 대한 근본적인 질문을 제기한다. 이는 단지 뉴스를 전달하는 방식의 변화가 아니라, 기술의 윤리적 설계와 조직적 수용의 문제를 포괄하는 복합적 전환을 의미한다.

BBC와 연합통신(AP, Associated Press)은 AI 도구의 도입을 둘러싼 기술적 · 윤리적 함의를 평가하기 위해 외부 연구자들을 조직 내부에 임베딩하는 방식으로 실험을 수행했다. 특히 BBC는 2020년부터 2023년까지 진행된 '행동 연구(action research)'를 통해 AI 도입에 따른 윤리적 리스크와 뉴스룸 내부의 제도적 저항 요인을 분석했다(Merrefield, 2025). 이 연구는 기술이 단순히 외부에서 주입되는 것이 아니라, 기자와 연구자, 개발자 간의 긴밀한 협업을 통해 조직 내 맥락에 맞게 조정되어야 함을 강조했다. BBC 내부의 '공영미디어 미래책임혁신연구소(Responsible Innovation Center for Public Media Futures)'에서 연구를 주도한 연구자 브론윈 존스는 기자들이 AI를 '블랙박스'처럼 수용해서는 안 되며, 기술의 작동 원리와 설계 목적에 대한 이해가 선행되어야 뉴스 생산의 윤리적 판단과 실천이 가능하다고 지적한다. 실제로 많은 기자들은 AI를 기술적인 도구로 인식하며 자신들은 그저 사용자이자 관찰자일 뿐이라는 거리감을 드러냈고, 이는 저널리즘 내부에서 기술 주체성이 충분히 제도화되지 못하고 있다는 것이다. 존스는 특히 AI를 사용하는 과정에서 조직 내에서의 이러한 리터러시 습득을 위한 노력이 반드시 필요하다고 말한다(Merrefield, 2025).

한편 AP는 중소 규모 지역 언론을 대상으로 한 AI 활용 실험에서 보다 실용적인 접근을 취했다. 기자들이 직접 AI를 조작하고 뉴스 제작 과정에 자율적으로 통합할 수 있도록 설계된 이 프로젝트는 자동 요약, 속보 트랜스크립트, 보도문 초안 생성 등 구체적 과제를 중심으로 구성되었으며, 기자의 판단력을 보완하는 기술로서의 AI

활용 모델을 제안했다(Schaetz & Schjøtt, 2025). 이는 자동화가 곧바로 인간을 대체하는 것이 아니라, 저널리즘 내부의 전문성과 윤리 판단을 연구와 교육을 토대로 기술적으로 보조하는 방향으로 설계되어야 한다는 시사점을 제공한다.

AI 아나운서의 등장도 이와 유사하게, 단순한 기술 트렌드가 아닌 저널리즘의 인식론과 윤리 구조를 근본적으로 재구성하는 전환점으로 작용하고 있다. SBS의 '재인'은 방송 뉴스에서 실제 AI 캐릭터가 일부 역할을 수행한 최초의 사례로, 기술 수용 가능성과 제도적 실험의 경계에서 이뤄진 중요한 전환으로 평가된다. 그러나 이와 같은 시도가 궁극적으로 정당한 사회적 수용을 얻기 위해서는 기술적 완성도 이상으로 '신뢰'라는 윤리적 기반이 반드시 요구된다.

AI는 정보 전달 속도와 처리 효율성 면에서는 인간을 능가할 수 있지만, 감정적 교감, 사회적 맥락 해석, 윤리적 판단과 같은 '사람다운' 뉴스 전달의 핵심 역량은 여전히 대체 불가능한 영역으로 남아 있다. 따라서 AI 기반 저널리즘이 설득력을 확보하기 위해서는 기술의 단순 구현을 넘어, 인간과 AI 간의 신뢰 관계를 구축하는 전략적 접근이 필요하다. 앞으로 저널리즘은 '이 뉴스는 얼마나 사람처럼 만들었는가?'보다 '이 뉴스는 얼마나 사람답게 만들어졌는가?'라는 질문에 답해야 할 시점에 와 있다.

참고문헌

BBC News(2024.1.26). TV channels are using AI-generated presenters to read the news. The question is, will we trust them? https://www.bbc.com/future/article/20240126-ai-news-anchors-why-audiences-might-find-digitally-generated-tv-presenters-hard-to-trust

Horton, D. & Richard Wohl, R.(1956). Mass communication and para-social interaction: Observations on intimacy at a distance. *Psychiatry, 19*(3), 215~229.

Ipsos(2023.12.13). Trust in politicians reaches its lowest score in 40 years. Ipsos. https://www.ipsos.com/en-uk/ipsos-trust-in-professions-veracity-index-2023

Jones, B., & Johns, R.(2025). Action research at the BBC: Interrogating artificial intelligence with journalists to generate actionable insights for the newsroom. *Journalism, 26*(8), pp.1708~1725.

Merrefield, C.(2025). AI in the newsroom: What researchers learned from the AP and the BBC. Journalist's Resource. https://journalistsresource.org/home/ai-ap-bbc/

Rojek, C.(2001). *Celebrity*. Reaktion Books. 문미리 · 이상록 옮김(2019). 《셀러브리티 : 미디어, 셀럽 문화, 셀러브리티화에

대해》. 한울아카데미.

Schaetz, N., & Schjøtt, A.(2025). AI hype and its function: An ethnographic study of the local news AI initiative of the associated press. *Digital Journalism*, pp.1~18.

Stokel-Walker, C.(2024). TV channels are using AI-generated presenters to read the news. The question is, will we trust them?.

Tait, A.(2023.10.20). 'Here is the news. You can't stop us': AI anchor Zae-in grants us an interview. The Guardian. https://www.theguardian.com/tv-and-radio/2023/oct/20/here-is-the-news-you-cant-stop-us-ai-anchor-zae-in-grants-us-an-interview

06
방송 데이터화와 메타데이터 정치경제학

BBC 방송 콘텐츠 아카이브를 데이터화하고 메타데이터를 기반으로 한 알고리즘을 통해 어떻게 시청자가 방송 콘텐츠를 이용할 수 있도록 하는지 BBC 릴(Reel)의 ‘한국 남성들의 메이크업 사랑‘에 관한 보도 사례로 그 인터페이스를 해부해 보았다.

AI와 민주주의?

방송 콘텐츠 아카이브화

BBC는 마이크로소프트 애저 AI(Microsoft Azure AI)를 활용하여 사용자 중심의 디지털 경험을 제공하는 혁신적 콘텐츠 접근 시스템을 개발했다. 마이크로소프트 애저는 관련 자격증 취득도 가능하다. 이 시스템은 BBC 브랜드 정체성을 반영한 맞춤형 음성 인터페이스를 제공하며, 사용자는 자연어 질의를 통해 BBC의 방대한 멀티미디어 콘텐츠에 접근할 수 있게 되었다(Microsoft, 2020).

이 인터페이스는 단순 검색 기능이 아니라, 각 콘텐츠에 대한 콘텍스트 기반 메타데이터(시간, 위치, 이슈 토픽, 교육 수준)를 분석해 사용자의 질문 의도에 적합한 응답을 생성한다. 예를 들어 "기후 변화란 무엇인가?"라는 질문에 대해 단순 링크 제공이 아닌, BBC 자료 내 정의 및 설명을 추출하여 완결된 응답을 제공하는 구조다(Raimond et al., 2014).

이러한 시스템은 BBC R&D가 구축한 월드 서비스 아카이브 프로토타입에서도 나타난다. 이 시스템은 수십 년 간 축적된 오디오 데이터를 자동 전사하고, 디비피디아(DBpedia) 등 외부 지식 기반과 연결하여 메타데이터를 생성한다. 또한 청취자 발화, 화자 식별, 주제 태깅을 자동화하고, 사용자 피드백을 반영해 메타데이터를 수

정하고 보완하는 순환적 구조를 통해 AI 기반 미디어 생태계의 핵심 요소인 지속적 학습 체계를 구현하고 있다(Raimond et al., 2014). BBC는 사실 10여 년 전부터 자사의 방대한 방송 자료를 아카이브화해 효율적으로 검색하고 활용할 수 있도록 클라우드 기반 메타데이터 플랫폼 콤마(COMMA)를 개발하고 완성했다(BBC R&D, 2011). 2013년부터 2015년까지 영국 기술전략위원회의 공동 연구 지원을 받아 추진되었으며, 음성-텍스트 변환, 얼굴 인식, 화자 식별 등 다양한 AI 알고리즘을 통해 아카이브 콘텐츠에서 메타데이터를 자동 추출하고, 이를 통해 특정 정보에 대한 접근성과 활용 가치를 극대화할 수 있다. 콤마는 대규모 콘텐츠를 저비용으로 안정적으로 처리할 수 있도록 설계되었으며, 현재 BBC 내부에서 다양한 메타데이터 처리 작업에 실질적으로 사용되고 있다. 단순히 디지털화된 콘텐츠를 보존하는 것을 넘어, 콘텐츠 내 특정 정보를 쉽게 찾아낼 수 있도록 지원하는 기술 인프라로 작동한다.

또한 BBC는 사용자 지정 음성(Custom Neural Voice) 기술을 활용하여 다양한 영국 지역 억양과 사투리를 인식할 수 있는 맞춤형 음성 모델을 개발했다. 이 기술은 단순한 기능적 음성 응답을 넘어, BBC 콘텐츠에 내재된 정체성과 영국 문화의 지역적 맥락을 데이터로 구축할 수 있는 길을 열었다. 즉 음성이라는 비정형 데이터를 구조화함으로써, 콘텐츠를 문화적으로 풍부한 정보로 확장하는 방식이다. 이는 AI 기반 방송이 정보를 넘어서 '경험'과 '정체성'을 다루는 새로운 정보 접근 방식을 보여 준다.

이러한 방향성은 마이크로소프트의 AI 포용 전략과도 맞닿아 있다. 마이크로소프트는 대규모 언어 모델의 공정성과 포용성을 확보하기 위해, AI 개발팀 내부의 다양성 확보 및 윤리적 원칙 적용을 강조한다. 예컨대 코파일럿(Copilot) 및 빙(Bing) AI 도입 이후 AI의 편향성과 위협 가능성에 대한 사회적 우려가 제기되었고, 이에 대응하여 마이크로소프트는 다양성과 포용성(D&I)을 AI 시스템의 기획 · 설계 단계부터 내재화하고자 하는 노력을 강화해 왔다. 이들은 인류학자, 언어학자, 사회과학자들과 협업하여 문화적 맥락을 이해하는 AI를 개발하고 있으며, 이는 BBC와의 협업에서도 반영되어 사용자의 지역성, 언어, 감정적 뉘앙스를 고려한 감각적 인터페이스 설계에 기여했다(Adamczyk, 2024).

BBC 릴: 공감형 콘텐츠 플랫폼의 실험

BBC 릴(BBC Reel)은 전통적인 뉴스 구조를 넘어, 글로벌 미용 문화와 사회적 트렌드를 다루는 새로운 접근을 시도해 왔다. 특히 한국 남성들의 뷰티 혁신을 다룬 리포트는 대표적인 사례다. BBC는 "남성 메이크업: 한국 남자들이 뷰티 혁명을 시작했다(Male make-up: Korean Men Have Started a Beauty Revolution)"(BBC, 2018)는 제목의 영상 콘텐츠를 통해, 한국 남성들이 세계에서 가장 높은 1인당 스킨케어 소비를 기록하고 있으며, BB크림, 틴티드 모이스처라이저, 브로우 젤 등 다양한 화장품을 일상적으로 사용하는 현상을 소개했다. 이 콘텐츠는 K-pop과 드라마의 영향력, 외모 관리에 대한 사회적 기대, 그리고 남성 뷰티 시장의 산업적 성장이라는 다층적 요소를 결합하여 한국 사회의 성별 및 몸에 대한 규범을 다각도로 조명한다.

이와 같은 콘텐츠 기획은 BBC 릴의 디지털 유통 전략과도 밀접히 연결된다. 해당 리포트는 BBC의 릴 플랫폼뿐 아니라 페이스북, 인스타그램, 유튜브 등 다양한 SNS 채널에서 동시 배포되었고, 각 채널별 사용자 반응 데이터를 기반으로 유사 콘텐츠가 추가로 기획되었다. 특히 '한국 남성 미인 대회의 세계(Inside South Korea's Male

Pageants)'(BBC Reel, 2022) 영상은 한국에서 남성 미인 대회가 새로운 트렌드로 자리 잡고 있다는 제작자의 인식을 출발점으로 삼아, 이들이 추구하는 아름다움의 기준과 그 사회적 맥락을 조명한다. 이 영상은 BBC Reel의 '2023년 최고의 이야기(Best of 2023)' 컬렉션에도 선정되었는데, 이는 해당 콘텐츠가 단순한 지역 문화 소개를 넘어, 글로벌 시청자에게 문화적 흥미와 논의를 동시에 유발한 사례임을 시사한다. 또한 이 영상은 한국 남성들의 뷰티 트렌드에 대한 전 세계 시청자의 관심을 반영해, 이후 남성 미인 대회라는 보다 구체적이고 확장된 주제를 중심으로 새로운 담론을 구성해 나갔다. 이처럼 콘텐츠가 하나의 트렌드를 중심으로 반복적이면서도 점진적으로 확장되어 가는 구조는 단발성 기획이 아닌, 시청자 데이터를 기반으로 한 연속적 큐레이션 전략의 일환이라 할 수 있다. 결국 이러한 사례는 BBC가 디지털 플랫폼을 활용해 사용자 반응과 관심을 실시간으로 반영하며, 데이터 기반의 콘텐츠 순환 구조를 구축해 나가고 있다는 점에서 의미를 갖는다. 즉 콘텐츠 제작이 내부 편집 기준에만 의존하는 것이 아니라, 동적 사용자 피드백과 메타데이터 분석을 중심으로 진화하고 있다는 점에서 디지털 공영방송 전략의 방향성을 잘 보여 준다.

BBC는 해당 영상 콘텐츠들에 주제별, 국가별, 감정적 톤 등의 메타데이터를 부여하고, 사용자 클릭률, 재생 시간, 댓글 키워드 분석 등을 바탕으로 후속 제작 기획을 조정한다. 이와 같이 BBC는 단순한 뉴스 전달을 넘어, 데이터 분석과 알고리즘 기반 선호도 예측을 통해 콘텐츠 노출 전략을 정교화하고 있다. 문미리(2025)는 BBC가 글로벌 이용자의 콘텐츠 소비 트렌드를 반영하여, 사회 문화적 주제를 기반으로 한 고정밀 기획 전략을 실험하고 있으며, 이는 BBC 릴의 정체성 생산 기능을 강화하는 메커니즘이라고 평가한다.

BBC는 데이터 분석과 메타데이터 활용을 통해 콘텐츠가 단지 소비되는 객체가 아니라, 사회적 맥락에서 상호작용하는 주체로 기능할 수 있도록 설계하고 있으며, 이로써 공영방송은 감각적 서사, 정체성 정치, 문화적 공공성을 교차하는 데이터화된 미디어 공간을 조성하고 있다. 문미리(2025)는 BBC 릴이 디지털 시대의 공영방송이 감당해야 할 윤리적, 미학적 과제를 실험하는 플랫폼임을 지적하며, 이는 단순 콘텐츠의 개인화를 넘어 공공성의 재정립과 리프레임(reframe)이라는 과제와도 맞물려 있다고 강조한다. 이러한 맥락에서 BBC 릴은 공영방송이 AI 기술을 통해 문화적 다원성과 공공적 가치

사이의 균형을 실현하려는 전략적 실험실로 이해될 수 있다.

BBC 릴은 BBC의 글로벌 디지털 콘텐츠를 선별하고 재조합한 큐레이션 기반 영상 플랫폼으로, 인간 중심 서사, 영감적 아이디어, 세계 곳곳의 발견을 공유하는 것을 핵심 목표로 한다. 이 플랫폼은 BBC의 기존 아카이브 콘텐츠뿐만 아니라 새롭게 기획된 오리지널 영상을 결합하여, 단순한 정보 제공을 넘어 감정적 울림을 주는 콘텐츠 설계를 시도한다. 영상은 주로 짧고 임팩트 있는 형태로 구성되며, BBC의 공식 웹사이트뿐 아니라 유튜브, 인스타그램 등 다양한 디지털 채널을 통해 전 세계 사용자에게 제공된다. 이는 콘텐츠의 '포맷'보다는 '맥락'을 기반으로 한 접근으로, 정보 전달보다 의미 생성과 감각적 체험에 초점을 맞춘다는 점에서 기존 뉴스나 다큐멘터리 콘텐츠와 차별화된다. 더불어 BBC 릴은 베를리날레(Berlinale), 트라이베카(Tribeca), 그리고 권위 있는 국제 영화 기관들과 협업하여 숨겨진 영상 콘텐츠의 가치를 재조명하는 온라인 영화제를 개최하며, 공영 미디어가 단순한 보도 기능을 넘어 디지털 내러티브와 시청자 간의 정서적 · 문화적 공진화를 이끄는 문화적 큐레이터로 작동할 수 있는 실험 공간으로서 주목받고 있다.

데이터화와 메타데이터 기반 알고리즘

공영방송의 데이터화(datafication)는 미디어 이용자의 참여와 접근성을 극대화하지만 다른 한편으로는 공영방송의 핵심 가치 중 하나인 다양성과 공공성을 저해할 수 있다는 우려도 제기된다. 공영방송에 새로운 기회를 제공하는 동시에 정체성과 공공성의 재구성이 필요함을 내포한다. 덴마크 방송협회(DR)의 사례에서 보듯, 콘텐츠의 데이터화와 메타데이터 기반 알고리즘 설계는 플랫폼에서 알고리즘 기반 콘텐츠 추천 시스템을 도입하며, 편성 중심의 전통적 방송 방식에서 벗어나 사용자 중심의 맞춤형 미디어 인터페이스를 구축했다. 이는 공공서비스 미디어가 '브랜드 중심 채널'에서 '사용자 맞춤형 인터페이스'로 재편되는 전환을 의미하며, 메타데이터가 공적 미디어의 작동 방식 전반을 좌우하는 구조적 인프라로 떠오르고 있음을 보여 준다(Sørensen, 2020). 그러나 이러한 맞춤형 시스템은 알고리즘 원리의 불투명성과 공적 책임(accountability) 문제를 동반한다. 맞춤형 콘텐츠 추천 시스템은 콘텐츠 수용자의 과거 행동과 선택에 대한 선호도를 기반으로 동질적 정보에 반복적으로 노출시킴으로써, 소위 '필터버블'이나 '에코챔버(echo chamber, 국내에서는 '반향실'로도 번역됨)'를 형성하게 되는 결과를 가져오게 하고, 이로 인해 미디어 이용자의 시각을 좁히고 사회적 다양성을 저해할 수 있기 때문이다(관련 자세한 설명은 8장 참고).

점차 고도화되는 알고리즘 기반 개인화 기술은 정보 접근성과 콘텐츠 추천 과정에 내재한 구조적 편향을 드러내며, 이는 결과적으로 사회적 소수자 및 비주류 담론의 공적 영역 내 배제를 심화할 수 있다는 점도 제기되고 있다. 예컨대 AI 추천 시스템이 인종, 젠더, 문화적 배경에 따라 콘텐츠 노출의 불균형을 초래할 경우, 이는 결과적으로 정보 접근권의 비대칭성을 가져올 수 있다는 것이다(Okoronkwo, 2024). 특히 공영방송의 경우, 알고리즘의 설계 및 운영 과정 전반을 투명하게 공개하고, 인간 중심의 윤리적 감독 체계를 제도화하는 것이 필수 책임으로 부상하고 있다(Diakopoulos, 2024). 이를 통해 공공 알고리즘 작동 원리와 기준을 외부 전문가 및 시민이 접근 가능한 공공 문서 형태로 정리하는 리포지터리 구축, 윤리적 감사 시스템 도입, 사용자 참여 기반 피드백 루프 등을 통해 알고리즘 책임성을 제도화할 수 있는 방안을 제시한다.

무엇보다도 메타데이터 기반 퍼스널라이제이션은 단순한 기술적 최적화의 문제를 넘어, 공공성의 재구성이라는 본질적 과제를 동반한다. 콘텐츠 추천이 사회 문화적 다양성과 포용성을 반영하려면, 메타데이터의 설계 논리와 분류 체계 자체에 공공적 가치가 구조화되어야 하며, 이는 기술 설계의 초기 단계에서부터 고려되어야 한다(Deldjoo et al., 2022). 따라서 공영방송이 데이터화를 추진할 때는 기술적 효율성과 사용자 만족도에만 의존하기보다는 공공성, 다양성과 포용성, 그리고 책임성이라는 공공의 가치를 메타데이터 체계 전반에 내재화하려는 전략적 접근이 필수 과제가 되어야 할 것이다.

BBC는 그동안 자사 뉴스 콘텐츠의 노출 방식 전반에 걸쳐 메타데이터를 활용하는 전략을 지속적으로 확장해 왔다. 방송 뉴스뿐만 아니라 다큐멘터리 프로그램 등이 각각 키워드, 주제 분류, 뉴스 분류 알고리즘 등을 기반으로 자동 태깅되며, 사용자의 시청 패턴과 주제 선호도에 따라 동적 큐레이션이 이루어진다. 이러한 메타데이터 기반 큐레이션은 콘텐츠 간의 연계성을 높이고, 미디어 이용자 공유성을 강화하는 방향으로 작동해 왔다. 이러한 방향성은 감각적 인터페이스 개념과도 궤를 같이한다(Sargsyan, 2023). 미래 커뮤니케이션 시스템은 단순한 정보 교환을 넘어, 사용자의 감정, 시선, 움직임, 맥락을 실시간으로 공유함으로써 심층적인 상호 이해와 정서적 연결성을 제공하게 될 것으로 전망된다. 특히 혼합 현실(MR, Mixed Reality)과 공감형 인터페이스는 음성, 표정, 시선 방향, 공간 맥락 등을 통합하여 사용자의 정체성과 상황을 반영할 수 있으며, 이는 공영 미디어가 사용자와의 상호작용에서 문화적 공공성의 데이터화를 실현할 수 있는 기술적 토대를 제공한다(Sargsyan, 2023).

참고문헌

문미리(2025). "OTT 및 AI 시대 공영방송의 역할과 책무: KBS 와 BBC 비교분석". 《한국과 세계》, 7(1), 859~886.

Adamczyk, A.(2024.10.9). Here's why the chief diversity officer of Microsoft is taking notes from smaller companies. Fortune. https://fortune.com/2024/10/09/microsoft-chief-diversity-officer-smaller-companies-inspiration-policies/

BBC(2018.2.5). Korean Men Have Started a Beauty Revolution. https://www.bbc.com/news/av/world-asia-42869170

BBC News(2018). South Korea's male make-up boom. https://www.facebook.com/bbcindia/videos/south-koreas-male-make-up-boom/1812488022128886/

BBC R&D(2011). COMMA. https://www.bbc.co.uk/rd/projects/comma

BBC Reel(2022). Inside the world of South Korean male beauty pageants. https://www.bbc.com/reel/video/p0dh9qfr/inside-the-world-of-south-korean-male-beauty-pageants

Deldjoo, Y. et al.(2022). Fairness in recommender systems:

research landscape and future directions. arXiv preprint arXiv:2205.11127.

Diakopoulos, N.(2024). Prospective algorithmic accountability and the role of the news media. In Noorman, M.& Verdicchio M.(Eds.). Computer Ethics Across Disciplines: Algorithmic Accountability and AI through Deborah G. Johnson's Lens. Springer. Advance online publication.4

Kalender, A. B.(2024). The datafication of newsrooms. *Journalism and Media, 5*(1), pp.48~64.

Microsoft(2020.6.2). BBC innovates how it delivers trusted news and entertainment with Azure AI. https://www.microsoft.com/en/customers/story/754836-bbc-media-entertainment-azure

Okoronkwo, C. E.(2024). Algorithmic bias in media content distribution and its influence on media consumption: Implications for diversity, equity, and inclusion(DEI). *International Journal of Social Sciences and Management Review, 7*(5), 296~310.

Raimond, Y. et al.(2014). The BBC world service archive prototype. *Web Semantics, 27~28*, pp.2~9.

Sargsyan, K.(2023). Future of communication and interaction. In Landesz, T. et al.(eds.). *Future Intelligence*, pp.97~111. Springer.

Sørensen, J. K.(2020). The datafication of public service media: A case study of DR. *MedieKultur, 36*(69) pp.90~115.

07
하이퍼모더니즘과 방송 문화

하이퍼모더니즘 개념을 바탕으로, 생성형 AI가 인간 서사의 구조와 정체성 형성 방식에 미치는 영향을 분석했다. 영화 매트릭스의 가상현실 구조를 사례로, 현실과 가상의 경계가 기술에 의해 재구성되는 과정을 살펴보고, 미드저니, 비오 3 등 생성형 AI의 보급으로 고도화되는 서사의 진화 방향을 제시했다.

AI와 애니메이션?

하이퍼모더니즘 서사와 AI 시대의 전환

오늘날 우리가 살아가는 시대는 단순히 근대성의 연장선이 아니다. 그것은 근대성이 자기 자신을 반성하고 가속화하며 구조를 전복하는 상태, 즉 하이퍼모더니즘(hypermodernism)이라고 할 수 있다. 하이퍼모더니즘은 기술의 속도, 사회의 유동성, 불확실성, 그리고 시간과 공간의 붕괴를 전제로 하는 고위험·고기회의 사회(high-risk, high-opportunity society)로 규정되며, 기든스(Giddens)는 이를 단순한 시대 구분이 아닌 근대성의 자기 전환(self-transformation of modernity)으로 보았다(Giddens, 1990; Giddens, 2017).

기든스는 근대성의 핵심 요소로 다음 세 가지를 든다. 첫째는 시간과 공간의 압축(time-space compression), 둘째는 자기 성찰성(reflexivity), 셋째는 지식의 제도화(institutionalization of knowledge)다. 이 중 시간과 공간의 압축 개념은 데이비드 하비(David Harvey)가 후기 자본주의와 포스트모더니즘의 핵심 특성으로 언급한 바 있다(Harvey, 1990). 하지만 기든스는 이러한 압축을 단지 후기 근대적 현상으로 보지 않고, 디지털 혁명과 알고리즘 기술이 인간의 지각 구조 자체를 재구성하는 과정으로 이해한다. 실제로 그는 인터뷰에서 다음과 같이 말한다. "스마트폰은 인간 지식의 총체를 들고 다니게 만든다. 우리는 이제 그 거대한 기계 시스템의 일부로 살아간다"(Giddens, 2017: 19).

이 지점에서 레이 커즈와일(Ray Kurzweil)의 특이점(Singularity) 개념은 하이퍼모더니즘의 극단적 미래상을 보여 준다. 커즈와일에 따르면 특이점이란 인간과 기계의 경계가 붕괴되고, AI가 인간의 지능을 초월해 인간 정체성과 결합하거나 대체하게 되는 순간이다(Kurzweil, 2005). 이는 단순한 기술의 진보가 아니라, 인간 서사의 형식 그 자체를 전환하는 결정적 전환점이라 할 수 있다.

결과적으로 하이퍼모더니즘적 서사는 이제 '무엇을 이야기할 것인가'보다 '어떻게 이야기하고, 누가 이야기의 주체가 되는가'의 문제로 이동한다. 이것은 인간이 '무엇을 상상할 수 있는가'에서, 그 상상을 어떻게 구현할 수 있는가의 문제로 확장되고 있다.

생성형 AI: 미드저니, 비오 3

생성형 AI는 이제 더 이상 보조적인 기술이 아니다. 오늘날의 AI는 인간의 언어, 감정, 기억, 상상력을 실시간으로 구현하며, 서사를 직접 만들어 내는 서사 생성 엔진으로 작동한다. 과거에는 인간의 상상이나 사유를 외부로 표현하기 위해 다양한 매개 과정을 거쳐야 했다. 문학에서는 글로, 영화에서는 시나리오와 연출로, 미술에서는 손으로 그려 낸 이미지로 번역해야만 표현이 가능했다. 그러나 그 후 런웨이(Runway)로부터 시작해 오픈AI(OpenAI)의 소라(Sora)로 진화했고, 현재는 미드저니(Midjourney), 구글 달리(DALL · E) 등을 중심으로 간단한 프롬프트로 인간의 언어를 직접 시각화하고, 그 이미지가 움직이는 장면으로 확장되며, 비오 3(Veo 3)처럼 사운드와 내레이션까지 자동으로 결합되는 완결된 영상 서사를 생성한다.

이러한 기술은 마치 인간의 상상력을 '감각의 프린터'처럼 구현한다. AI는 단순한 명령 수행 장치를 넘어, 인간과 함께 이야기를 만들어 내는 공동 창작자로 기능한다. 예를 들어 텍스트 한 줄로 사람의 동작, 표정, 카메라 무빙까지 포함한 〈겨울왕국〉의 엘사가 등장해 내가 원하는 말까지 해 주는 10초 이상의 장면을 영상으로 생성할 수 있다. 더 이상 서사는 인간이 하나하나 창작하는 결과물이 아니라, 인간의 입력과 알고리즘의 결합을 통해 조건부로 생산되는 실시간 결과물이 된다.

구글의 비오 2(Veo 2)에서 대규모 업그레이드된 비오 3는 영상의 질감, 음향 구성, 내레이션의 자연스러움까지 가장 완성도가 높아 전문가 수준에 도달하고 있다. 특히 비오 3는 구글 프로를 유료 구독할 경우 영상당 토큰이 제공되며, 2025년 8월에는 미국, 영국, 브라질, 일본의 대학생들을 대상으로 1년 동안 최대 2테라바이트(TB)까지 무료로 사용해 볼 수 있도록 한시적으로 지원했다(Gadget 360, 2025). 즉 학생들뿐만 아니라 일반인들도 프로페셔널한 전문가들처럼 단 몇 개의 단어만 입력해 자신만의 고품질 스토리텔링 영상을 만들어 낼 수 있는 환경이 구축되었다. 이제 수천, 수만 명의 사용자가 동시에 영상을 생성하고, 사회적 상상력을 시각적으로 구현하는 일이 일상이 되고 있다.

이러한 AI는 단순한 콘텐츠 생성 도구가 아니다. 이들은 정서, 시공간의 구도, 몰입의 방식 등을 조합하여, 서사의 감각적 기반을 구성하는 새로운 형태의 이야기 기계로 작동한다. 다시 말해 AI는 더 이상 외부적 도구가 아니라, 인간의 감각 세계를 함께 구성하고, 그 안에서 존재하는 방식까지 바꾸는 존재론적 파트너가 되어 가고 있다. 이러한 현상은 철학적 · 서사적으로 중요한 전환점을 시사한다.

영화 〈매트릭스〉 네오의 질문

영화 〈매트릭스〉에서 주인공 네오는 모피어스에게 질문한다. "어떤 게 진짜야(What is real)?" 이 장면에서 네오는 자신이 살고 있다고 믿었던 현실이 사실은 고도로 정교하게 설계된 컴퓨터 시뮬레이션이라는 사실을 알게 된다. 〈매트릭스〉는 인간이 인식하고 있는 세계가 실제가 아니라, 기계에 의해 통제되는 가상현실이라는 설정 위에서 구성된다. 인간들은 거대한 기계 시스템에 연결된 채 에너지 공급원으로 활용되고 있으며, 이 가상현실이야말로 이들이 진짜라고 믿는 세계다.

반면 진짜 현실은 전쟁으로 인해 폐허가 된 지하 세계며, 기계에 의해 지배되지 않은 인간들이 모여 살아가는 자이온이라는 도시가 존재한다. 영화는 두 세계, 즉 컴퓨터 시뮬레이션 안의 가상현실과 그 밖에 존재하는 파괴된 실제 세계라는 이중 구조를 보여 준다. 이 구조는 단지 철학적 혼란을 일으키는 장치가 아니라, 우리가 현실이라 믿는 것이 사실은 구성되고 조작될 수 있음을 서사적으로 설명한다. 이는 전형적인 포스트모더니즘적 설정이며, 현실과 비현실, 진실과 허위 사이의 경계를 해체한다.

하지만 오늘날의 하이퍼모더니즘 서사는 이를 더욱

확장한다. 현실과 가상의 경계를 인식하고 의심하는 것을 넘어, 이제는 그 경계를 실제로 설계하고 조작하는 기술이 작동하는 시대에 진입했다. 즉 단지 '가상이 존재한다'는 것을 아는 것이 아니라, 가상을 직접 만들어 내고 거기에 몰입하며 살아가는 방식 자체가 보편화되고 있다.

이러한 맥락에서 기든스가 말한 자기 성찰성은 기술적으로 구현되고 있다. 우리는 온라인 공간에서 자신의 이미지를 설계하고, 그 이미지가 다시 현실의 자아에 영향을 미친다. 이 과정은 서사가 더 이상 외부의 지식을 단순히 전달하는 구조가 아니라, 개인의 정체성을 실시간으로 재구성하는 장치로 변화하고 있음을 보여 준다. 생성형 AI는 이 과정의 매개자이자 동시에 이를 조직하고 전개하는 서사적 주체로 작동한다. 이는 서사의 철학이 기술적 구조와 결합하면서, 인간의 서사가 구성되고 유통되는 방식이 본질적으로 달라지고 있음을 시사한다.

기든스가 말한 자기 성찰성(reflexivity)은 이제 온라인 정체성 구축, 아바타화, 디지털 자아의 현실 환류와 같은 형태로 기술적으로 구현된다. 서사는 더 이상 외부 지식을 단순히 전달하는 매개가 아니라, 내면의 정체성을 재조립하는 실시간 프로세스가 되었다(Giddens, 1991). 결국 향후 영상 콘텐츠의 서사는 점점 더 개인의 정체성, 감정, 욕구, 바람과 같은 인간 내부의 정서적 패턴을 감지하고 반영하는 방식으로 진화할 것이다. BBC를 비롯한 유럽 공영방송 사례에서 드러나듯, 콘텐츠는 더 이상 불특정 다수를 향한 일방향 메시지가 아니라, 개별 사용자의 맥락과 정서에 최적화된 맞춤형 내러티브로 분절되고 구성된다. 이러한 개인화된 서사 전략은 알고리즘과 AI 기술의 발전과 결합하면서 더욱 정교하게 고도화될 것이다.

참고문헌

Giddens, A.(1990). *The consequences of modernity*. Stanford University Press.

Giddens, A.(1991). *Modernity and self-identity: Self and society in the late modern age*. Polity Press.

Giddens, L. A.(2017). Feature interview: Lord Anthony Giddens in conversation with STAIR. *St Antony's International Review, 13*(1), pp.14~24.

Harvey, D.(1990). *The condition of postmodernity: An enquiry into the origins of cultural change*. Oxford: Blackwell.

Kurzweil, R.(2005). *The singularity is near: When humans transcend biology*. Viking.

The Gadgets 360.(2025.8.7). Google AI Pro Plan goes free for a year for students in the US, Japan and More Countries. https://www.gadgets360.com/ai/news/google-ai-pro-plan-offer-students-us-japan-indonesia-south-korea-brazil-price-benefits-9037096

08
탈진실 시대의 미디어 전략

탈진실(Post-truth, 포스트 트루스)시대를 정의하고, 사실보다 감정이 우선되는 정보 환경에서 공영방송이 신뢰를 회복하기 위한 기술적 · 윤리적 대응을 살펴보았다. BBC가 에코챔버, 필터버블, 딥페이크에 대응해 AI 기반 자동 탐지 시스템과 BBC 검증(BBC Verify)을 운영하며, 마이크로소프트사와 협력해 AI 리스크 대응을 실천한 사례를 분석했다.

AI와 인재 채용?

탈진실(Post-truth)의 정의와 그 함정

2016년 영국 옥스퍼드 사전은 '탈진실(Post-truth)'을 그 해의 단어로 선정했다. 이 용어의 사용 빈도는 전년 대비 20배 이상 급증했으며, 이는 대중 담론에서 객관적 사실보다 감정이나 개인적 신념이 더 우선시되는 시대적 흐름을 반영한다(Flood, 2016). 이 용어는 원래 1992년 이란-콘트라 사건과 페르시안 걸프전에 관한 에세이에서 처음 사용되었고, 당시에는 '진실 이후의 상태'를 의미했으나 오늘날 '포스트 트루스 시대'란, 소셜미디어의 확산과 함께 편향된 정보가 유통되는 환경 속에서 진실의 기준이 흐려지고, 언론 기관의 신뢰성이 약화되는 상황을 지칭하게 되었다(문미리, 2023). 넓은 범위로 '진실 이후(post-factual)'의 상태를 가리키는 중립적 개념이었으나, 오늘날에는 정보의 과잉, 확증 편향적 소비, 정치적 양극화가 결합된 복합적 사회현상을 의미하기도 한다(Farkas & Schou, 2020).

이와 관련하여 호소바(Hossova)는 '포스트 팩추얼(post-factual)' 사회를 객관적 사실보다 감정과 개인적 확신이 대중 의견 형성에 더 큰 영향을 미치는 시대라고 정의하며, 사람들이 '믿고 싶은 것'에 따라 정보를 해석하고 소비하는 현상을 지적했다(Hossova, 2018: 28). 즉 개인의 감정이나 신념을 기반으로 하는 정보에 대한 신뢰도가 객관적인 사실을 기반으로 한 정보보다 더 높게 작용한다는 것이다. 이와 같은 경향은 믿음 기반 정보가 허위 정보의 확산과 가짜 뉴스의 신뢰도를 강화하는 데에 영향을 미치는 결과로 이어질 수 있다. 실제로 감정을 기반으로 한 정보 판단은 오정보(misinformation)나 가짜 뉴스에 대한 신뢰도를 높이며, 특히 정치적 주제에 있어 진실 판단의 기준을 흐리게 만든다는 연구 결과도 존재한다(Martel et al., 2020).

이 같은 현상은 디지털 플랫폼에서 더욱 가속화되고 있다. Z세대 청년들은 주로 소셜미디어를 통해 정보를 얻고 있음에도 불구하고, 역설적으로 해당 플랫폼에 대한 신뢰는 매우 낮다는 점을 지적한다(Pérez-Escoda et al., 2021). 이는 정보의 신뢰성 판단이 사실성, 출처, 검증 여부와 같은 객관적 기준보다는, 정보 공유자의 사회적 관계나 감정적 유사성에 더 크게 의존하는 경향과 연결된다(Martel et al., 2020). 또한 이러한 감정 기반 판단이 가짜 뉴스에 대한 신뢰를 높이며, 정보의 진위보다 심리적 반응이나 가치 일치 여부가 신뢰의 척도로 작용한다고 분석했다.

이와 더불어 우리가 일상에서 경험하는 미디어 콘텐

츠 추천 시스템은 사용자의 이전 시청 기록, 선호 주제, 출연 인물 등을 분석해 유사한 성향의 콘텐츠를 반복적으로 노출한다. 이러한 알고리즘 기반 추천 메커니즘은 정보의 다양성을 제한하고, 사용자가 가진 관점을 더욱 강화함으로써 확증 편향을 일으킬 수 있다(Cinelli et al., 2020; Ross Arguedas et al., 2022). 과거에는 검색 기록이나 클릭한 기사를 기반으로 유사 텍스트 정보를 추천하는 것이 일반적이었으나, 오늘날에는 유튜브나 인스타그램, 틱톡(TikTok)과 같은 영상 중심 플랫폼에서 AI 기반 알고리즘이 사용자가 방금 시청한 영상과 관련된 인물, 주제, 혹은 감정적 분위기가 유사한 콘텐츠를 추천 영상으로 자동 배열하는 현상이 일반화되었다. 예컨대 유튜브는 사용자가 특정 연예인이나 사회적 이슈에 관한 영상을 시청한 직후, 유사한 시각을 담은 영상이나 같은 인물이 등장하는 콘텐츠를 연속으로 추천함으로써 이용자가 동일한 시각의 영상에 반복 노출되도록 유도한다. 이는 무의식적 정보 편향을 강화해 개인의 세계관이 특정 방향으로 구조화되게 만들고, 그 결과 미디어 이용자의 정보 다양성이 축소되며 정보 편향이 더욱 심화되는 결과를 초래한다(Bucher, 2018).

이처럼 반복 노출 기반의 추천 시스템이 사용자로 하여

금 폐쇄된 정보망, 즉 에코챔버에 갇히게 하며, 잘못된 정보조차도 다수의 반복과 감정적 확신을 통해 마치 사실처럼 수용되기 쉬운 구조를 형성하는 것이다(Del Vicario et al., 2016). 결과적으로 정보 생태계에서의 알고리즘 추천은 단순한 개인화 서비스를 넘어서, 사회적 분극화와 신뢰 위기의 구조적 배경이 되고 있다.

이 단계에서 우리는 최근 이러한 미디어 이용 과정의 영향 및 결과 측면에서 나타나는 에코챔버와 필터버블 현상에 대해 이해할 필요가 있다. 로이터 연구소(Reuters Institute)는 영국 내에서도 에코챔버와 필터버블이 최근 시민들뿐만 아니라 영국 의원들 사이에서도 자주 사용되는 말이나, 대부분 혼용하여 사용하는 경향이 있다며 이 두 용어를 자세히 구분하여 설명하고 있다. 이 자료에 따르면 '에코챔버' 와 '필터버블'은 미디어 이용자의 콘텐츠 소비 데이터를 기반으로 설정된 맞춤형 정보에만 제한적으로 노출이 되면서 점차적으로 이용자의 시각이 특정 방향으로 축소되는 현상에서 비롯된다. 다만 필터버블은 온라인 플랫폼에서 미디어 이용자가 사용하고 있는 플랫폼의 알고리즘 체계에 의해 수동적으로 특정 정보에 대한 다소 제한적인 정보만을 제공받아 형성되는 것이며, 에코챔버는 미디어 이용자가 자신이 원하는 정보를 직접 선택하는 적극적인 이용 행동의 차이라고 보았다(Ross Arguedas et al., 2022). 보다 명확한 개념 구분을 위해, 미디어 커뮤니케이션 연구자들과 BBC 교육 플랫폼에서는 에코챔버와 필터버블을 명확하게 정의하고 있다. 필터버블은 미디어 이용자의 온라인 이용 행태(검색 기록, 클릭 패턴, 콘텐츠 소비 패턴)에 근거해 알고리즘이 이 이용자와 유사한(like-minded) 성향의 정보만을 선별적으로 맞춰져 제공하는 개인화된 정보 제공 방식을 말한다. 이 필터버블의 원리로 인터넷상에서 사용자와 상이한 의견이나 반대되는 정보는 배제되며 특정 정보나 관점이 비슷한 동질적 의견이나 정보에만 노출되어 기존의 편협한 관점이 강화되는 경향을 에코챔버라고 정의한다(BBC Bitesize, n.d.; Sunstein, 2001; 문미리, 2023).

에코챔버와 필터버블의 이해

결국 탈진실 시대는 전통적인 저널리즘의 권위 약화와 정보 판단의 주체성 상실이라는 이중 위기를 초래한다. 공영방송이 신뢰를 회복하기 위해서는 단순히 '팩트'를 제공하는 수준을 넘어, 정보의 출처, 맥락, 생산 과정을 투명하게 전달하고, 시민이 알고리즘과 정보 생태계를 이해하며 비판적으로 접근할 수 있도록 돕는 교육적 기능을 수행해야 한다(Kavanagh & Rich, 2018; 문미리, 2023). 이 과정에서 AI 기술은 정보 검증을 보조하고, 시민의 정보 해석 능력을 강화하는 도구로 작동한다.

BBC의 딥페이크 대응: AI 활용 사례 및 전략

BBC는 탈진실 시대의 심화와 함께 증가하는 AI 생성 콘텐츠의 위협에 대응하기 위해 다양한 전략을 실천에 옮기고 있다. 특히 딥페이크 기술이 금융 사기와 사회적 신뢰 붕괴에 악용되는 현실 속에서, BBC는 기술적 대응뿐만 아니라 시민 대상의 미디어 리터러시 교육을 병행하며 다층적이고 포괄적인 대응 체계를 구축하고 있다.

예를 들어 BBC One에서 방영한 실화 기반 다큐멘터리 프로그램 〈스캠 인터셉터스(Scam Interceptors)〉는 해커 팀이 사기범들의 통화나 메시지를 추적해, 사기 피해가 일어나기 전 개입하여 범죄를 차단하는 과정을 담은 TV 시리즈다. 이 프로그램의 시즌 4에서는 AI 기술을 활용해 제작된 딥페이크 콘텐츠가 실제 피해로 이어질 수 있음을 보여 주는 대표적인 사례가 소개된다. 해당 에피소드에서는 AI 딥페이크로 유명 배우 브래드 피트를 사칭하여 프랑스의 한 여성이 약 100만 유로를 사기당한 사건이 다뤄진다. 제작진은 이 사례를 바탕으로 '피부 질감의 비현실성', '입 모양과 음성의 불일치', '눈 깜박임의 부자연스러움' 등 딥페이크 영상이 지닌 특이점을 분석하고, 시청자들이 이러한 요소를 직접 식별할 수 있도록 시각적 교육을 제공한다(The Guardian, 2025). 이 프로그램은 단순한 범죄 재연을 넘어, 시청자들 스스로가 AI 기반 허위 콘텐츠를 비판적으로 인식하고 판단할 수 있도록 돕는 실천적 미디어 리터러시 교육으로 기능한다. 동시에 시청자들은 자연스럽게 딥페이크 탐지 기준을 습득하게 되며, 이는 공영방송이 교육적 기능을 통해 사회적 책무를 확장하는 하나의 방식으로 해석된다.

또한 BBC는 AI 기반 허위 정보 대응을 위해 마이크로소프트 등 민간 기술 기업들과 파트너십을 맺고 다양한 교육적 · 기술적 프로젝트를 계발하고 있다. 예를 들어 마이크로소프트는 뉴스가드나 비디오 인증(Video Authenticator)과 같은 도구를 개발해 딥페이크 및 허위 정보의 탐지에 활용하고 있으며, BBC를 포함한 언론사들과 협력해 이러한 기술의 실제 적용 가능성을 모색하고 있다(Microsoft, 2020). 아울러 BBC는 마이크로소프트, 아마존, 구글/딥마인드, IBM, 메타[Meta(구 페이스북)]와 같은 글로벌 기업들이 중심이 되어 설립한 파트너십 온

AI(PAI, Partnership on AI)가 주관하는 딥페이크 식별 기술 개발 프로젝트에 참여함으로써, 딥페이크 탐지 기술의 윤리적 기준과 기술 표준화를 포함한 글로벌 협업 체계에도 기여하고 있다(Partnership on AI, 2021).

BBC의 이러한 전략은 AI 기술이 단순한 탐지 도구를 넘어, 공적 정보 신뢰를 회복하는 도구로 작동해야 함을 시사한다. 첫째, 자동화된 탐지 기술은 허위 콘텐츠 확산의 초기 단계에서 빠르게 대응할 수 있도록 하며, 둘째, 교육 콘텐츠는 시민 개개인이 정보를 비판적으로 분석하고 해석하는 능력을 갖추도록 돕는다. 셋째, 탐지 기준과 시스템의 작동 원리, 오류 가능성 등을 투명하게 공개함으로써 사용자 신뢰를 구축하고, 넷째, 글로벌 협업을 통해 윤리적이고 신뢰 가능한 검증 표준을 마련해 나간다.

이처럼 BBC의 포괄적이고 다층적인 대응 전략은, 탈진실 시대에 공영방송이 정보 왜곡과 신뢰 상실이라는 구조적 위기에 어떻게 기술적·윤리적으로 정교하게 대응할 수 있는지를 보여 주는 대표적 사례라 할 수 있다. 특히 딥페이크 콘텐츠가 일상적으로 확산될 것으로 예상되는 AI 시대에, BBC의 접근 방식은 한국 공영방송을 비롯한 다양한 미디어 기관에 시사점을 제공하며, 기술 대응과 시민 교육의 균형이라는 새로운 과제를 던지고 있다.

참고문헌

문미리(2023). "'탈진실'시대 미디어 리터러시 개념과 공영방송의 역할: BBC 와 EBS 콘텐츠 비교 연구". 《한국과 국제사회》, 7(6), 1115~1142.

BBC Bitesize(n.d.). Fact or Fake: Tips to spot real vs fake media. https://www.bbc.co.uk/bitesize/articles/zd9tt39

Bucher, T.(2018). *If … then: Algorithmic power and politics.* Oxford University Press.

Cinelli, M. et al.(2020). Echo chambers on social media: A comparative analysis. arXiv:2004.09603

Del Vicario, M. et al.(2015). Echo chambers in the age of misinformation. arXiv preprint arXiv:1509.00189.

Farkas, J. & Schou, J.(2020). Post-truth discourses and their limits: A democratic crisis? In G. Terzis, D. et al.(Eds.), *Disinformation and digital media as a challenge for democracy* (pp. 103~126). Intersentia.

Flood, A.(2016.11.15). 'Post-truth' named word of the year by Oxford Dictionaries. The Guardian. https://www.theguardian.com/books/2016/nov/15/post-truth-named-word-of-the-year-by-oxford-dictionaries

Hossova, M.(2018). Fake news and disinformation: Phenomenons of post-factual society. *MLAR, 1*(2), p.27~35.

Kavanagh, J. & Rich, M. D.(2018). Truth decay: An initial

exploration of the diminishing role of facts and analysis in American public life (RR-2314-RC). RAND Corporation.
Microsoft(2020). New steps to combat disinformation. https://blogs.microsoft.com/on-the-issues/2020/09/01/disinformation-deepfakes-newsguard-video-authenticator
Partnership on AI.(2021, July). Deepfake Detection Challenge: Insights and Recommendations. https://partnershiponai.org/wp-content/uploads/2021/07/671004_Format-Report-for-PDF_031120-1.pdf
Pérez-Escoda, A. et al.(2021). Fake news reaching young people on social networks: Distrust challenging media literacy. *Publications, 9*(2).
Ross Arguedas, A. et al.(2022). Echo chambers, filter bubbles, and polarisation: A literature review. Oxford Reuters Institute.
The Guardian(2025.5.2) The Guide #189: Your new celebrity best friend? It's just a deepfake trying to con you. https://www.theguardian.com/culture/2025/may/02/your-new-celebrity-best-friend-its-just-a-deepfake-trying-to-con-you

09
AI가 다시 쓰는 미디어 리터러시와 방송 교육

AI 기술의 확산으로 재편된 정보 환경에서 AI 리터러시의 필요성을 제기하고, 안젤리나 졸리를 내세운 BBC의 '나의 세계(My World)' 프로그램을 사례로 공영 미디어의 교육적 대응을 살펴본다. 또한 해외 대학교의 AI 리터러시 교육 사례를 통해, 향후 AI 교육 설계 방향과 통합적 AI 리터러시 체계의 구축 방안을 모색한다.

AI와 기자?

AI 리터러시의 등장과 그 필요성

오늘날 생성형 AI와 알고리즘 기반 추천 시스템이 뉴스 및 정보 환경 전반에 깊숙이 개입하면서, 전통적 미디어 리터러시만으로는 현대적 정보 생태계를 이해하거나 대응하기 어렵게 되었다. 특히 영국 오프콤에 따르면 디지털 공간에서 청소년과 일반 대중이 BBC와 같은 신뢰 기반의 공영 뉴스로부터 점점 멀어지고 있으며, 대신 유튜브나 틱톡, 인스타그램 등 플랫폼 중심의 콘텐츠 소비로 급속히 이동하고 있다고 조사되었다(Ofcom, 2024; ICO, 2023).

이러한 배경에서 AI 리터러시는 단순한 기술 이해를 넘어, AI가 자동으로 생성한 정보를 식별하고 출처를 검증하는 능력까지 포함하는 교육적 역량으로 부상하고 있다. AI가 사실과 허구의 경계를 모호하게 만들고, 미디어 수용자의 심리적, 정신적 웰빙에도 영향을 미쳐 이는 미디어 공론장에도 전반적으로 영향을 미칠 수 있음을 시사한다(Bykov & Medvedeva, 2024). 따라서 AI 리터러시 교육은 기술적 이해에 더해 윤리적 감수성과 사회적 영향에 대한 성찰을 포함한 복합적 접근이어야 한다.

더불어 미국인을 대상으로 한 실증 연구에 따르면 미디어 리터러시, 디지털 리터러시, 뉴스 리터러시와 같은 미디어 관련 리터러시 중 정보 리터러시, 즉 정보를 깊이 있게 탐색하고 평가하고 스스로 검증할 수 있는 능력이 가짜 뉴스 식별에 가장 효과적인 역량임을 밝히고 있다(Jang et al., 2019). 물론 각 리터러시 유형을 어떻게 정의하고 범주화하느냐에 따라 연구 결과는 다르게 도출될 수 있을 것이다. 그러나 오늘날과 같은 정보 통신 생태계에서 핵심 미디어를 이용하는 현대 시민이라면 누구나, 정보의 출처와 신뢰도를 비판적으로 판단할 수 있는 역량을 갖추는 능력이 오정보와 허위 정보를 효과적으로 판별하는 데 매우 중요한 시민적 자산으로 작용할 수 있다는 점을 시사하고 있다.

EU는 이를 반영하여 교과 중심의 정규 교육, 지역 사회를 기반으로 하는 비정규 교육, 일상에서 소셜미디어를 통한 비형식 학습의 세 가지 구조를 통합한 다층적 미디어 리터러시 정책을 운영하고 있으며, 최근 들어서는 검증 및 교차 확인 중심의 AI 리터러시 중심 커리큘럼으로 이를 재구성하고 있다(European Commission, 2024). 또한 수년간 AI가 대중화되면서 AI 기반 플랫폼이 강화하는 몰입성과 중독성은 청소년의 불안이나 우울, 그리고 사회적 고립을 초래할 수 있어, 이는 정보 환경의 기술적 요소를 넘어 정신 건강과 디지털 웰빙이라는 교육 과제로 연결되고 있음을 보여 주고 있다(Bykov & Medvedeva, 2024).

BBC 마이 월드

이처럼 AI 리터러시의 교육의 필요성은 일반 시민, 특히 온라인 환경에 익숙한 청소년과 청년층에게 더욱 절실하다. 이에 정보가 제작되거나 생성되는 구조를 분석하고 자기 주도적으로 판단할 수 있는 역량은 곧 정보 시민(info citizenship)의 핵심 역량으로 자리 잡고 있다. 정보는 더 이상 인간의 의도에 의해 선별된 결과만이 아니라, 이미 저장된 데이터와 비가시적 기술 논리에 따라 편향되고 조작될 수 있으며, 이로 인해 시민 개개인의 정보 판별 능력이 전보다 훨씬 더 중요한 시대가 도래했다(Ghani et al., 2024). 특히 소셜미디어 중심의 정보 확산 구조 속에서, 기존의 미디어 리터러시만으로는 진실과 허위를 구별하거나 정보의 배경을 이해하는 데 한계가 있으며, 이에 따라 AI 리터러시의 중요성이 학문적으로, 실천적으로 제기되고 있다(Jones et al., 2022; Trejo-Quintana & Sayad, 2024).

이러한 배경 속에서 BBC는 2020년부터 'BBC 마이 월드' 프로젝트를 시작해 13세 이상의 청소년을 대상으로 뉴스의 구조, 진위 여부, 정보 출처의 가치 등을 교육하는 글로벌 교육 프로그램을 선보였다(BBC, 2020). 이 프로그램은 BBC 월드 서비스가 주도하고, 안젤리나 졸리가 총괄 프로듀서로 참여하였으며, 마이크로소프트 교육(Microsoft Education)과 협력하여 전 세계 학교 및 가정에 교육 콘텐츠를 배포할 수 있도록 구성되었다. 프로그램은 주간 30분 분량의 방송물과 함께, BBC 기자들이 직접 출연하는 보조 영상, 수업 계획안(Lesson Plans), 교육 자료 등을 포함하고 있다. 이는 단순한 정보 전달을 넘어, 청소년 스스로가 정보의 신뢰성과 출처를 판단하고, AI가 생성한 콘텐츠에 대해 비판적으로 성찰할 수 있는 역량을 함양하는 데 목적을 둔다(Lao & You, 2024).

특히 BBC는 코로나19 팬데믹 시기 동안, 'BBC 마이 월드: 코로나 바이러스 특집(BBC My World: Coronavirus Special)'을 제작하여 디지털 정보 환경 속에서 청소년들이 가짜 뉴스와 건강 허위 정보에 노출되는 위험을 방지하고자 노력했다. 해당 콘텐츠는 세계보건기구(WHO)가 '인포데믹(Infodemic)'이라 지칭한 과잉 정보 시대에 대응하기 위해 정보 위생의 개념을 확산하고자 했으며, 교육용으로 설계된 브이로그, 전문가 인터뷰, 오답 사례 분석, 자가 교육법 등을 포함했다(BBC, 2020). 이 프로그램에서 할리우드 영화배우 안젤리나 졸리가 참여하여 프로그램을 알리는 데 도움을 주었고, 졸리는 이 시기 어린이와 청소년이 2차 세계대전 이후 가장 긴 등교 중단을 겪고 있으며, 그들이 경험할 정보 환경은 세대적으로 고유하다는 점을 강조했다. 그녀는 신뢰할 수 있는 정보와 이를 판단할 수 있는 도구에 대한 접근성이야말로 청소년 세대가 이 시기를 주체적으로 살아가기 위한 핵심 조건이라고 설명한다(BBC, 2020).

BBC는 마이 월드의 핵심 전략으로 다음 세 가지를 실현하고자 했다. 첫째, 시각적 직관을 활용한 미디어 교육으로, 예를 들어 진행자가 딥페이크 기술을 통해 가짜로 뉴스 스튜디오에 등장하는 장면에서 보이는 것이 사실이 아닌 가짜일 수 있다는 교훈을 시청자에게 효과적으로 전달한다. 둘째, 뉴스 생산의 전 과정을 투명하게 공개하며, BBC 검증 프로젝트를 통해 정보의 수집, 분석, 검증 절차가 어떻게 이루어지는지를 설명형 저널리즘으로 구현한다. 이 프로젝트는 전쟁이나 주요 이슈 기사에서 파란색으로 검증 라벨을 넣어 BBC 팀이 검증한 내용으로 기사가 제작되었다는 것을 표시해 주고 있다. 셋째, 세계 42개 언어로 콘텐츠를 번역하고 배포함으로써, 디지털 정보의 공공 접근성과 교육 기회의 형평성을 확보하고자 한다(BBC, 2020; Ofcom, 2021).

AI 리터러시는 이러한 미디어 교육을 넘어, 정보 윤리와 사회적 책임, 디지털 웰빙까지 포괄하는 개념으로 확장되고 있다. AI 리터러시가 학습자의 기술 이해뿐 아니라 정보 편향, 알고리즘 구조, 감정 조작 등 비가시적 위험에 대한 비판적 인식을 증진한다고 강조한다. 특히 청소년은 개인적 정체성과 사회적 관계가 형성되는 시기이므로, AI가 설계한 콘텐츠 환경에 취약할 수 있으며, 이에 따라 디지털 웰빙과 정신 건강 역시 AI 리터러시 교육의 핵심 범주로 포함되어야 한다(Abi-Jaoude et al., 2020; Olanipekun, 2024).

정보 환경 전반에서의 사회적 대응은 교육 제도 전반의 변화와 실제로 연결되어야 그 효과를 얻을 수 있다. 호주에서는 이미 주요 대학교에서 신입생을 대상으로 AI 윤리 및 AI 리터러시 과정을 필수로 하고 있으며, 학생 포털사이트를 시작하기 위해 교육을 시청하고 이수해야 한다. 예컨대 애들레이드대학교는 전공과 무관하게 모든 1학년 학생들에게 AI 기초 교육을 통합하는 새로운 학제 개편을 시행하고 있다. 이를 위해 약 3000명의 교직원이 300여 개 학위 과정을 업데이트하고 있다(Thian, 2025). 또한 시드니대학교 등 일부 대학교는 챗

GPT 같은 생성형 AI 도구 사용 가이드라인을 마련하고 수업과 평가에서 윤리적 활용법을 포함하고 있다(The University of Sydney, 2024).

이러한 흐름은 AI 리터러시가 중등교육뿐 아니라 고등교육, 나아가 전 생애 학습의 필수 역량으로 자리 잡고 있음을 시사한다. AI 리터러시에 대한 이해도는 국가와 학문적 배경에 따라 현저히 차이가 나며, 이는 교육 불균형이 정보 불평등으로 이어질 수 있음을 시사한다(Mansoor et al., 2024). 이에 따라 향후 AI 리터러시 교육은 다양한 세대 및 정규 · 비정규 형식의 교육 간의 유기적 연계를 기반으로 설계되어야 하며, 플랫폼 기업, 공영 미디어, 교육기관이 공동으로 협업하는 구조가 필요하다(Ghani et al., 2024; Ofcom, 2021).

결론적으로 BBC의 마이 월드는 단지 콘텐츠를 제공하는 것을 넘어서, AI 시대 정보 환경에서 시민으로서 요구되는 윤리적이고 사회적인 역량을 교육하기 위한 실천적 저널리즘 교육 모델이다. 기술적 이해, 정보 판별, 윤리적 판단, 디지털 회복 탄력성이라는 네 가지 축을 통합하는 AI 리터러시는 미래 민주 사회에서 시민성과 공공성의 핵심 자산이 될 것이다.

AI 리터러시 원칙

향후 AI 시대 시민 전체를 대상으로 하는 AI 리터러시 교육은 다음과 같은 기본적인 구조적 설계 원칙을 중심으로 전개될 필요가 있다. 첫째, 정보를 탐색하고 출처를 찾아내고 그 내용을 이해하고 검증할 수 있는 능력을 포함한 실질적인 정보 리터러시 역량을 교육의 중심에 배치해야 한다. 이는 기존의 태도 중심 교육에서 벗어나 행동 중심의 실천 교육으로 전환함을 의미한다(Jang et al., 2019).

둘째, 교육은 특정 연령이나 계층에 국한되지 않고 정규교육(초·중등학교), 비정규교육(도서관·미디어센터), 비형식 학습(소셜미디어 기반 자기 주도 학습)을 유기적으로 연결하는 다채널·다세대 모델로 확장되어야 한다(European Commission, 2024). 셋째, 정보 플랫폼 기업과 협력하여 플랫폼이 리터러시를 자연스럽게 유도하는 환경을 제공하도록 설계되어야 한다. 이는 수용자의 인지적 노력에만 의존하지 않고 플랫폼 구조를 통해 신뢰할 수 있는 콘텐츠 구성 및 구조를 강화하는 접근으로, 오프콤이 제시한 다섯 개의 실행 축인 시민과 교육자의 참여를 유도하고 새로운 프로그램을 발굴하고 실행하며 이를 체계화하여 제도적 기반을 마련해 피드백을 통해 지속적으로 평가하고 정책을 개선하는 것을 목표로 사용자 행동과 변화하는 기술 및 정보 환경에 따라 새롭게 심층 연구가 이루어지는 미디어 리터러시 전략 구축과도 일치한다(Ofcom, 2021). 즉 시민의 참여에서 시작해, 실행과 제도화, 효과 평가, 그리고 지속적인 연구로 이어지는 선순환적 리터러시 생태계 구축 전략이라고 할 수 있다. 넷째, AI 리터러시 교육은 단순한 정보 판별 능력을 넘어 윤리적 감수성, 디지털 웰빙, 시민적 책임성을 포함하는 총체적 교육이어야 한다. AI 기술은 정보 왜곡뿐 아니라 인간의 감정과 사회관계에도 영향을 미치기 때문이다(Bykov & Medvedeva, 2024).

AI 시대의 미디어 리터러시는 단지 정보 소비자가 아닌, 비판적 인지와 윤리적 책임을 수행할 수 있는 시민을 만드는 과정이다. BBC가 제시한 마이 월드와 같은 프로그램은 그 출발점을 제공하며, 향후에는 공영방송, 교육기관, 플랫폼 기업, 정책 기관 등이 협력하여 정보 민주주의와 개인의 웰빙을 동시에 강화하는 통합적 대응 체계를 마련해야 한다.

참고문헌

Abi-Jaoude, E. et al.(2020). Smartphones, social media use and youth mental health. *Canadian Medical Association Journal, 192*(6), E136~E141.

BBC(2020.4.1). BBC to release special BBC My World: Coronavirus content for global young audiences with Angelina Jolie. https://www.bbc.co.uk/mediacentre/latestnews/2020/coronavirus-my-world

Bykov, I. A., & Medvedeva, M. V.(2024.4). Media Literacy and AI-technologies in Digital Communication: opportunities and Risks. In 2024 Communication Strategies in Digital Society Seminar (ComSDS). pp.21~24. IEEE.

European Commission(2024). Media literacy | Shaping Europe's digital future. https://digital-strategy.ec.europa.eu/en/policies/media-literacy

Ghani, M. M. et al.(2024). A comprehensive study: AI literacy as a component of media literacy. *Journal of Advanced Research in Applied Sciences and Engineering Technology, 53*(2), pp.112~121.

ICO(2023). Annex 2: Estimated TIkTok users in the UK, under the age of 13. https://ico.org.uk/media2/migrated/4025183/tiktok-mpn-annex-2-mpn.pdf

Jang, S. M. et al.(2019). Does media literacy help identification of fake news? Information literacy helps, but other literacies don't. *American Behavioral Scientist, 65*(2), pp.371~388.

Jones, B. et al.(2022). AI 'Everywhere and Nowhere': Addressing the AI intelligibility problem in public service journalism. *Digital Journalism, 10*(10), pp.1731~1755.

Lao, Y. & You, Y.(2024). Unraveling generative AI in BBC News: Application, impact, literacy and governance. *Transforming Government: People, Process and Policy.*

Liu, D. & Bridgeman, A.(2023.1.23). How can I update assessments to deal with ChatGPT and other generative AI? Teaching@Sydney. University of Sydney. https://educational-innovation.sydney.edu.au/teaching@sydney/how-can-i-update-assessments-to-deal-with-chatgpt-and-other-generative-ai/

Mansoor, H. M. H. et al.(2024). Artificial intelligence literacy among university students_A comparative transnational survey. *Frontiers in Communication, 9,* 1478476.

Ofcom(2021). Ofcom's approach to online media literacy: Making sense of media. https://www.ofcom.org.uk/siteassets/resources/documents/research-and-data/media-literacy-research/making-sense-of-media/approach-to-online-media-literacy/approach-to-online-media-literacy.pdf

Ofcom(2024.12.17). Review of public service media (2019-23): Challenges and opportunities for public service media [PDF]. Ofcom. https://www.ofcom.org.uk/site

Olanipekun, S. O.(2024). AI as a media literacy educational tool: Developing critical technology awareness. *GSC Advanced Research and Reviews, 21*(3), pp.281~292.

The University of Sydney(2024.11.26). University of Sydney AI assessment policy. University of Sydney News. https://www.sydney.edu.au/news-opinion/news/2024/11/27/university-of-sydney-ai-assessment-policy.html

Thian, S. Y.(2025). Australia's new public university aims to challenge traditional education. GovInsider. https://govinsider.asia/intl-en/article/australias-new-public-university-aims-to-challenge-traditional-education

Trejo-Quintana, J., & Sayad, A. L. V.(2024). The pillars of media and information literacy in times of artificial intelligence. *Journal of Latin American Communication Research(JLACR), 12*(2), pp.34~42.

10
AI 시대 공영방송의 가치 브랜드화

급변하는 AI 기반 글로벌 미디어 환경 속에서 BBC는 자사의 핵심 가치를 브랜드화하기 위해 다각적인 전략을 전개해 왔다. BBC 월드 서비스와 브릿박스를 통한 공공성의 글로벌 확산, AI 기반 교육 콘텐츠 혁신, 내부 조직의 기술 실험과 경험 연구를 토대로 마련된 AI 이용 가이드라인 구축 등이 그 대표적 사례다. 이러한 전략을 분석하며, 우리 방송 문화 산업이 AI 시대에 고유의 가치를 어떻게 브랜드화할 수 있을지 그 방향을 모색했다.

AI 시대 공영방송의 가치

AI 시대의 도래는 콘텐츠의 생산 및 소비 방식 전반에 걸쳐 구조적이고 본질적인 전환을 초래하고 있다. 이러한 기술적 진보는 기존 미디어 생태계의 질서를 근본적으로 재편하고 있으며, 특히 공영방송에는 단순히 새로운 기술 환경에 적응하는 수준을 넘어, 자신들이 지켜야 할 핵심 가치를 어떻게 디지털 환경에 맞추어 재정의하고, 그것을 브랜드화하여 지속 가능한 형태로 구현할 것인가에 대한 중대한 과제를 던져 주고 있다.

글로벌 미디어 시장에서는 넷플릭스와 같은 OTT 플랫폼의 압도적 성장으로 인해, 국내 OTT 플랫폼인 티빙(Tving)과 웨이브(Wavve)의 영향력은 상대적으로 약화되는 추세에 있어 수년째 합병을 논의 중이다. 여기에 더해, 매달 수억 명의 이용자를 기록하는 생성형 AI 기반 플랫폼, 예컨대 오픈AI의 챗GPT와 구글의 제미나이가 대중적 · 산업적 반향을 일으키고 있으며, 7장에서 논의한 방송 · 문화 산업 전반에서도 구글이 제공하는 비오 3, AI 기반 영상 제작 도구가 급속도로 대중화되고 이용이 확산되고 있다. 이와 같은 기술적 변화는 단지 제작 도구나 유통 방식의 진화에 그치지 않고, 미디어 생산자와 수용자 사이의 관계를 근본적으로 재정의하는 방향으로 작용하고 있다.

이 책의 제1장에서 논의한 바와 같이, 오늘날의 글로벌 미디어 환경에서는 수용자의 관심과 선택이 갈수록 세분화되고 있으며, 이에 따라 전통적인 텔레비전 방송의 이용자 수는 지속적으로 감소하고 있는 것이 세계적인 현상이다. 특히 영국의 경우, 16세에서 24세 사이의 젊은 층 중 80% 이상이 전통적인 방송 매체가 아닌 스트리밍 기반 서비스를 주요한 시청 수단으로 선택하고 있는 것으로 나타났다(Ofcom, 2024). 이러한 데이터는 공영방송이 젊은 세대를 주요 수용자 층으로 다시 포섭하기 위한 콘텐츠 기획 및 배포 전략을 새롭게 정립해야 함을 시사하며, 이는 한국의 상황과도 상당 부분 유사하다. KBS를 비롯한 한국의 공영방송 역시, 기존의 지상파 중심 구조에서 벗어나 디지털 기반의 플랫폼 환경, 즉 OTT 및 다양한 네트워크 기반 서비스로의 전환이라는 필연적 과제와 마주하고 있다.

이러한 전환기적 국면에서 공영방송이 존속 가능성을 확보하기 위해서는 단순한 기술적 수용이나 플랫폼 확대에 머물지 않고, 보다 근본적으로는 자사의 핵심 가치를 중심으로 한 '브랜드화 전략'을 마련하는 것이 긴요하다. 다시 말해 공익성이라는 가치를 추상적 원칙에 머무르게 하지 않고, 구체화된 서비스 구조로 재편하는 노력이 요구된다. 여기서 말하는 공익성은 교육 콘텐츠의 제공, 신뢰 가능한 뉴스 전달, 그리고 국가 또는 지역의 문화 자산을 보존하고 전 세계에 확산하는 과정을 포함하는 것으로 이해할 수 있다. 예컨대 영국의 공영방송 BBC가 뉴스 보도와 교육적 콘텐츠, 그리고 영국 고유의 문화 콘텐츠를 중심으로 수용자에게 선택 가능한 서비스를 구축하고 있는 것은 이러한 브랜드화 전략의 구체적인 실행 사례에 해당한다.

공영방송의 브랜드 가치는 AI 기술과 결합될 때 더욱 고도화될 수 있다. AI는 콘텐츠를 더욱 정교하고 개인화된 방식으로 구성하는 데 활용될 수 있으며, 수용자의 성향과 이용 행태를 분석하여 맞춤형 정보 제공이 가능해지는 만큼, 기존의 일방향적 방송 체계를 넘어 쌍방향적 정보 생태계로의 진입을 가능케 한다. 이와 같은 기술 활용은 단지 효율성의 문제가 아니라, 공영방송이 자신의 정체성을 유지한 채 수용자와의 신뢰 관계를 재구성하고, 나아가 공공의 정보 접근권을 보장하는 데 핵심적인 전략적 자원이 된다(Scammell & Semetko, 2000). 결과적으로 공영방송은 AI 시대에서 기술의 진보를 단순한 도구가 아닌, 고유의 공공성을 심화하는 수단으로 삼을

때 비로소 생존 가능성과 지속 가능성을 동시에 확보할 수 있을 것이다.

BBC의 브랜드화 전략

BBC는 전통적인 방송사로서의 역할에 머무르지 않고, 공공성과 교육적 책무라는 핵심 가치를 디지털 환경에 맞추어 재해석하고 이를 브랜드화하는 전략을 적극적으로 추진해 왔다. 이러한 전략의 대표적 사례로는 BBC가 운영하는 온라인 교육 플랫폼 'BBC 바이트사이즈(BBC Bitesize)'를 들 수 있다. 이 플랫폼은 영국의 초등학교부터 고등학교 과정에 이르기까지의 학생들이 누구나 무료로 접근할 수 있는 구조로 설계되었으며, 영국 교육부와의 긴밀한 협력을 통해 국가 교육과정과 연계된 콘텐츠를 지속적으로 제공하고 있다. 특히 코로나19 팬데믹 기간 동안, BBC 바이트사이즈는 원격 수업을 보완하는 핵심 수단으로 기능하며, 디지털 시대의 공공재로서 공영방송의 위상을 재확인한 바 있다(BBC, 2022).

이와 더불어 BBC는 자사가 보유한 다양한 유형의 콘텐츠, 예컨대 뉴스, 교육 프로그램, 다큐멘터리 등을 체계적으로 데이터화하고, 이를 키워드 기반으로 검색 가능한 포털형 서비스로 구축함으로써 일반 시민들이 일상적으로 활용할 수 있도록 플랫폼을 고도화하고 있다. 이러한 접근은 단순히 콘텐츠를 보존하는 차원을 넘어, 정보의 접근성과 활용 가능성을 획기적으로 확장하는 구조를 형성하며, 공영방송의 '지식 아카이브화'를 실현한 사례로 평가받는다.

실제로 이러한 디지털 기반의 정보 구조는 공영방송에 대한 신뢰 형성에도 기여하고 있다. 오프콤(2019)의 보고서에 따르면, BBC는 영국 내에서 가장 신뢰받는 뉴스 소스로 꾸준히 자리매김하고 있으며, 이는 콘텐츠의 제작부터, 관리 및 유통에 이르기까지 전 과정에 걸쳐 신뢰성과 투명성을 확보한 결과로 해석될 수 있다.

결국 BBC의 사례는 공영방송이 단순한 콘텐츠 생산자를 넘어, 정보와 지식의 공유를 매개하는 공공 지식의 중심(hub)으로 기능할 수 있음을 보여 준다. 이는 곧 '교육과 정보 전달'이라는 조직의 미션을 명확히 설정하고, 이를 기반으로 기자, 편집자 등 제작자의 참여와 동시에 이용자 중심의 사용자 경험 설계 및 데이터 기반 플랫폼 전략으로 구체화함으로써 실현된 결과라 할 수 있다. 이처럼 BBC는 디지털 시대 공영방송의 역할을 기술적 진보에 종속되지 않고, 공공성을 구조화된 방식으로 구현하는 전략을 통해 지속 가능성과 브랜드 정체성을 동시에 확보하고 있다.

공영방송의 가치 브랜드화

영국 정부는 변화하는 글로벌 미디어 환경 속에서 자국 공영방송의 경쟁력을 지속적으로 유지하기 위해 규제와 정책의 기반을 강화하는 방향으로 문화 산업 전략을 전환하고 있다. 최근 발표된 '창조 산업 부문 계획(Creative Industries Sector Plan)'은 방송, 주문형 콘텐츠(on-demand), 영상 공유 플랫폼 간의 융합 현상을 반영하여, 기존 TV 및 광고 시장에 대한 평가와 규제 기준을 재정비할 필요성을 강조한다. 이에 따라 영국 정부는 자국의 두 핵심 규제 기관인 경쟁시장청(CMA, Competition and Markets Authority)과 통신 규제 기관 오프콤(Ofcom)에 시장 분석의 기준과 방향을 조정할 것을 공식 요청한 바 있다.

CMA는 기업 간의 인수 합병, 담합 및 시장 독점 구조에 대한 조사와 개입 권한을 지닌 독립적 규제 기관으로서, 미디어 산업 내 구조적 변화에 대한 정책적 판단과 경쟁 질서 유지에 핵심적인 역할을 수행하고 있다(CMA, 2023). 이러한 맥락에서 정부는 PSB 간의 전략적 제휴 또는 통합 가능성을 열어 두는 동시에, BBC를 포함한 공영방송이 다양한 시청자 층에게 공공 콘텐츠를 안정적으로 제공할 수 있도록 7500만 파운드에 이르는 재정 지원을 포함하는 정책적 뒷받침을 제공하고 있다. 아울러 BBC의 왕실 칙령에 대한 공식적 재검토도 함께 추진되며, 이를 통해 BBC가 신뢰받는 공공서비스 미디어로서 정체성을 유지하면서도 상업적 지속 가능성과 글로벌 IP 확산을 병행할 수 있는 구조적 기반을 마련하고자 한다 (Kahn, 2025). 이와 같은 정부와의 전략적 연계는 BBC가 변화하는 산업 생태계에 효과적으로 적응하고, 콘텐츠 공공성을 유지함과 동시에 글로벌 문화 경쟁력을 강화하는 데 중요한 역할을 하고 있음을 보여 준다.

한편 한국의 공영방송도 공익성이라는 가치 아래 다양한 형태의 콘텐츠를 꾸준히 제공해 왔으나, 디지털 생태계에 부합하는 방식으로 이를 체계적으로 브랜드화하고 확장하는 데에는 여전히 과제가 존재한다. 젊은 세대의 방송 매체 이탈, 비정형적 콘텐츠 소비의 증가, 그리고 생성형 AI 기반 플랫폼의 확산 등은 공영방송의 존재 이유와 정체성 자체를 재규정할 필요성을 제기한다. 이에 따라 한국의 공영방송 역시 디지털 시대에 적합한 공공성 구현 전략을 재구성하고, 자사의 고유한 가치를 기반으로 한 브랜드 정체성을 강화해야 할 필요가 있다.

영국의 BBC는 AI 기술을 활용한 교육 플랫폼 혁신에 선도적으로 대응하고 있다. 최근 BBC는 약 600만 파운드를 투입해 BBC 바이트사이즈를 AI 기반의 맞춤형 학습 플랫폼으로 전환하고 있으며, 이를 통해 학습자의 수준과 관심에 따라 문제를 제공하고, 적응형 테스트 및 후속 추천 콘텐츠까지 연결하는 통합적 학습 경험을 제공하고자 한다(The Guardian, 2024; AImagazine, 2024). 이러한 전략은 젊은 세대 이용자와의 지속적인 접점을 강화하려는 시도로, 공공 교육 기능을 브랜드화하고자 하는 공영방송의 책무를 기술적으로 구현한 사례로 평가된다.

BBC는 또한 BBC 월드 서비스와 브릿박스와 같은 글로벌 플랫폼을 활용해 공영 콘텐츠를 체계적으로 해외에 전파하고 있으며, 다국어 서비스와 디지털 유통 전략을 결합함으로써 국제 무대에서도 공공성을 브랜드화하는 데 성공하고 있다. 이는 단순한 해외 진출이 아니라, 공영방송의 핵심 가치인 뉴스 신뢰도 구축, 교육 콘텐츠 제공, 글로벌 접근성 확대, 그리고 영국 문화의 보존과 확산을 동시에 달성하려는 전략의 일환이다.

무엇보다도 BBC는 AI 기술의 도입 과정에서도 공영방송의 정체성을 훼손하지 않기 위한 내부적 기준을 명확히 설정하고 있다. 기자, 편집자, 교육 콘텐츠 제작자 등 다양한 직군이 직접 AI 기술을 실험하고, 그 결과를 바탕으로 구체적인 활용 가이드라인을 작성·교육하며, 이를 지속적으로 개선하는 순환형 정책 체계를 마련해 가고 있다(BBC Editorial Guidelines, 2023). 이러한 접근은 물론 BBC가 뉴스 신뢰도 중심축으로 여기는 부분을 반영함과 동시에 BBC가 단순히 기술을 수용하는 것이 아니라, 공영방송의 윤리적 기준을 지키면서도 AI 시대에 적합한 콘텐츠 제작 환경을 조성하려는 노력이 반영되었다고 보인다.

한국 사회 역시 AI 기술의 확산 속에서 교육기관, 방송사, 기업 등 다양한 조직이 연구와 경험적 데이터를 바탕으로 자율적이고 신중한 가이드라인을 마련하고, AI를 단순한 도구가 아니라 공공성과 윤리를 함께 고려한 기회이자 도전의 장으로 인식할 필요가 있다. 넓게는 한국의 방송 문화 산업에서 또한 단순한 기술 도입을 넘어, 디지털 웰빙과 미디어 리터러시를 갖춘 시민사회 형성에 기여하는 플랫폼으로 자리매김해야 하며, 이를 위해 정부, 교육기관, 학계의 협력과 제도적 지원도 함께 뒷받침되어야 할 것이다.

참고문헌

BBC Editorial Policy(2025.6.24). Guidance: The use of Artificial Intelligence.
https://www.bbc.co.uk/editorialguidelines/guidance/use-of-artificial-intelligence

BBC(2022). BBC Group annual report and accounts 2021/22.
https://downloads.bbc.co.uk/aboutthebbc/reports/annualreport/ara-2021-22.pdf

BBC(2023.10.5). Generative AI at the BBC.
https://www.bbc.co.uk/mediacentre/articles/2023/generative-ai-at-the-bbc/

Competition and Markets Authority(2021). The CMA's digital markets strategy: June 2019.
https://www.gov.uk/government/publications/competition-and-markets-authoritys-digital-markets-strategy/the-cmas-digital-markets-strategy

Jackson, A.(2024.4.25). AI and broadcasting: BBC commits to transforming education. AI Magazine.
https://aimagazine.com/data-and-analytics/ai-and-broadcasting-bbc-commits-to-transforming-education

Kahn, E.(2025.6.23). Government paves way for closer ties between PSBs. Broadcast.
https://www.broadcastnow.co.uk/broadcasters/government-paves-way-for-closer-ties-between-psbs/5206283.article

Ofcom(2019). News consumption in the UK: 2019.
https://www.ofcom.org.uk/siteassets/resources/documents/research-and-data/tv-radio-and-on-demand-research/t

v-research/news/news-consumption-2019/uk-news-consumption-2019-report.pdf?v=324102

Ofcom(2024). Media nations: UK 2024 report. https://www.ofcom.org.uk/siteassets/resources/documents/research-and-data/multi-sector/media-nations/2025/media-nations-2025-uk-report.pdf?v=401287

Scammell, M. & Semetko, H. A.(2000). *The media, journalism and democracy* (1st ed.). Routledge.

The Guardian(2024.4.21). BBC to invest in AI to help transform its education services. https://www.theguardian.com/media/2024/apr/21/bbc-to-invest-6m-in-ai-education-services-bitesize

문미리

경남대학교 창의융합대학 아레테교육부 조교수다. 2019년부터 연세대학교 글로벌인재대학에서 '글로벌미디어의 이해'와 '문화간커뮤니케이션' 과목을 설계해 외부 강의를 이어오고 있다. 영국에서 미디어 커뮤니케이션 학사, 석사, 박사를 취득했다. TBS eFM 영어라디오 방송사 개국 프로듀서로 생방송 뉴스와 교양 프로그램을 제작하면서 외신기자, 내한 아티스트, 국내 거주 외국인 등과 교류하고 소통했다. 2022년에는 공동개발한 '글로벌 이슈와 세계시민' 강좌가 교육부 온라인 강좌 K-MOOC에 선정되어 많은 학생들과 만날 수 있었다. 저서로는 *International news coverage of the Korean conflict* (Palgrave Macmillan, 2019), 《셀러브리티 : 미디어, 셀럽 문화, 셀러브리티화에 대해》(한울아카데미, 2019, 공동번역)가 있다. 최근에는 K팝에 관해 KBS, BBC, CNN 뉴스를 분석한 "Media Representations of K-pop: A Comparative Study of South Korea, the UK", "OTT 및 AI 시대 공영방송의 역할과 책무:KBS와 BBC 비교분석" 논문을 국내외 저널에 게재했다. 한국 방송 미디어는 영국 팝음악을 어떻게 재현하는가에 대한 북챕터 'Media Representations of K-pop and Britpop from Asian Perspectives(Palgrave Macmillan)'가 곧 출간될 예정이다.